Elegie für junge Liebende

Elegy for Young Lovers

Oper in drei Akten
von Wystan H. Auden und Chester Kallman

Musik von
Hans Werner Henze

Deutsche Fassung von Ludwig Landgraf unter Mitarbeit von Werner Schachteli und dem Komponisten

T0084336

B. SCHOTT'S SÖHNE · MAINZ
Schott & Co. Ltd., London · B. Schott's Söhne (Editions Max Eschig), Paris
Schott Music Corp. (Associated Music Publishers Inc.), New York

To the memory of Hugo von Hofmannsthal, Austrian,
European and Master Librettist, this work is gratefully
dedicated by its three makers

Wystan H. Auden
Chester Kallman
Hans Werner Henze

Die Oper entstand als Auftragswerk des Süddeutschen Rundfunks

PERSONEN

GREGOR MITTENHOFER . . . . *Bariton*
    ein Dichter

DR. WILHELM REISCHMANN . . . . *Baß*
    ein Arzt

TONI REISCHMANN . . . . *lyrischer Tenor*
    sein Sohn

ELISABETH ZIMMER . . . . *Sopran*

CAROLINA GRÄFIN VON KIRCHSTETTEN . . . . *Alt*
    Sekretärin von Mittenhofer

HILDA MACK . . . . *Koloratursopran*
    eine Witwe

JOSEF MAUER . . . . *Sprechrolle*
    ein Bergführer

Bedienstete im „Schwarzen Adler" . . . . *stumm*

ERSTER AKT

Die Rückkehr des Bräutigams

I. Vor vierzig Jahren

Die Szene stellt Halle und Terrasse des „Schwarzen Adlers", eines Berggasthauses in den Österreichischen Alpen, dar. Stufen führen von der Halle auf die Terrasse im Hintergrund, sie ist auch auf der Bühne links zu sehen. Liegestühle, Gartenmöbel und weiter vorn ein Fernrohr. Die beiden Wände, die die Terrasse von der Halle scheiden, sind durch Rahmenwände mit 2 Türen links dargestellt. Rechts der Halle befindet sich eine feste Mauer mit 3 Türen, die zu verschiedenen Räumen des Gasthauses führen. Die Halle ist mit wenigen, aber typischen Gegenständen eingerichtet. Ein Kachelofen an der rechten Wand, eine große Uhr, Blumen und Pflanzen in Töpfen, verschiedene Stühle und in der Tiefe, etwas rechts der Bühnenmitte ein großer Schreibtisch. Das Gasthaus wird von außen über einige Stufen, die auf die Ecke der Terrasse zuführen, betreten; Personen, die von dort kommen, werden so mit dem Kopf zuerst sichtbar. Hinter der Terrasse sieht man den schneebedeckten Gipfel des Hammerhorns. Der Vorhang hebt sich vor einem Zwischenvorhang, auf den eine Ansicht dieses Berges, wie er von der hinteren Terrasse aus erscheinen könnte, gemalt ist. Hilda Mack, eine weißhaarige Sechzigerin, sitzt vor dem Zwischenvorhang. Ihre Haartracht, Aufmachung und Kleider entsprechen denen einer jungen Frau aus den 1870er Jahren. Neben ihrem Stuhl befindet sich ein riesiger Strickbeutel.

Hilda   Heut wies er, am Morgen, im frühen Licht, auf den Tag,
Mein Bräutigam einer Nacht, nackt wie die Sonne und kühn
Ging auf seine simsonhaft herrliche Hand
Dort an des Hammerhorns glitzerndem Grat:
„Ich bezwing den Berg, du zärtliche Braut, Geliebte,
Für dich!" rief er. So ruft er noch heut.
Suchend die Nacht, blieb ich im Lager unsrer Sehnsucht zurück,
Zögernd im Grab meiner wandelnden Gestrigkeit,
Meiner Mädchenzeit, die erfüllt sich hat hier im Ehebett
Durch sein Woll'n befreit und sein Abschiedswort.
So war's. So ist's. Ich bin nur während ich wart'.
Ich stand auf. Ich wählte dies Kleid.
Hoch vom Berg mein Verführer spricht mir Mut zu;
Und keine Zukunft wird sein, kein Morgen, nein, und kein Sinn
Als durch sein Wort allein. Mein Herr, o Sehnsucht, so wie du
                       [willst,
Und verlangen wirst nach mir bei der Heimkehr, ich bleibe,
                       [die ich war
Beim Abschied heut früh – deine Taube. Wann immer du
                       [willst –
Mein Held du. Ich bin. Ich lausche. Geliebter, ich warte.

Eine Uhr schlägt hinter dem Vorhang. Hilda erhebt sich; auf ein Zeichen ihrer rechten Hand geht der innere Vorhang über der Szene auf . . . Carolina Gräfin von Kirchstetten, eine kräftig aussehende Dame in den Fünfzigern, einfach aber elegant gekleidet, sitzt an einem Schreibtisch, Papiere sortierend. Es ist ein Frühlingsmorgen des Jahres 1910.

Hilda   *gesprochen*
           Wieder im Tagwerk befangen sind
           Alle. Wieder das Heute beginnt.

II. Die Tagesordnung

Hilda nimmt ihren Handarbeitsbeutel auf und geht auf die Terrasse hinaus. Ein Diener tritt rechts vorn auf, plaziert ihren Stuhl in die Nähe der Mauer und geht wieder ab. Während der folgenden Szene ist Hilda damit beschäftigt, zu stricken und dann und wann durch das Teleskop auf die Berge hinaufzublicken. – Carolina springt plötzlich auf und wirft ärgerlich eine Zeitung auf den Tisch.

Carolina   Gemein! Empörend!

Doktor Wilhelm Reischmann tritt rechts vorn auf. Wie Carolina ist er ungefähr fünfzig Jahre alt und ein ständiges Mitglied von Gregor Mittenhofers Hofstaat; im Gegensatz zu Carolina jedoch ist er alles andere als einfach gekleidet. Seine besonders fein gearbeitete Tirolerjacke und seine Lederhosen scheinen ihm die geeignete Kleidung für jeden Aufenthaltsort außer der Hauptstadt, obwohl sie sein kahles Haupt, seine bescheidene Körpergröße und seinen leicht unbescheidenen Umfang unterstreichen. Seine gute Laune ist ihm eine solche Gewohnheit, daß sie ihn selbst betrügt und von niemanden mehr zur Kenntnis genommen wird.

Doktor   Oh! Schon bei der Arbeit, Lina? Nun,
           Was schreibt die Presse denn diesmal?

Carolina   Nun, endlich sehn sie klar,
           Was einer mit Verstand von Anfang an gewußt hat.

Eine Glocke tönt von rechts hinter der Bühne.

           Oh!
           Er will sein zweites *a la coque.* – Hier, lesen Sie es selbst.

Sie reicht ihm ein Bündel Zeitungsausschnitte, nimmt ein kleines gedecktes Tablett aus den Händen eines Dienstmädchens, das rechts vorn aufgetreten ist, und geht hinten rechts damit ab. Das Mädchen geht ebenfalls wieder ab.

Doktor   *liest Pressenotizen*
           „Die neuen Verse sind erfüllt von Leidenschaft und Lust,
           Von einer Ausdruckskraft, die ihresgleichen sucht."
           „Erneut erkennen wir in ihm den Meister unsrer Zeit."
           „Das Höchste seiner Dichtkunst . . .", „welch ein Fluß . . .",
                      [„authentisch . . .", „gewaltig . . ."
           Das danken wir Elisabeth, zum Teil auf jeden Fall.
           Es haben wohl auch meine Pillen ihm gut getan.
           Carolina kommt zurück
           Er kann sich freun.

Carolina Hätten sie Mut, sie würden zugeben,
Daß früher sie verblendet war'n.

Der Doktor nimmt den Zeitungsausschnitt auf, den Carolina weggeworfen hatte, und schickt sich an, ihn zu lesen.

Doktor Wer ist denn jetzt noch blind?

Carolina Nicht lesen!

Doktor Aber, Lina,
Ich bin nicht der Meister! Ich errat's! Wer kann es sein? Ich
[weiß!
Der Bursche in der „Fackel", der liebt niemand als sich selbst!
Der Meister ist ihm halt ein Dorn im Auge ...
lesend
„Sinnliche Träume
Eines kraftlosen Greises."

Carolina Vulgäres Biest! Ich möcht ihn prügeln!

Doktor Nun, als des Meisters Leibarzt wüßte ich es besser.
Ist es nicht zum Lachen? Vielleicht nicht. Werfen Sie's lieber
Die Glocke tönt zweimal [weg.
Zweimal. Das gilt mir. Die Spritze jetzt. Sinnliche Träume –
geht ab [lächerlich!

Carolina *die täglichen Instruktionen durchlesend, die sie von Mittenhofer mitgebracht hat*

Erstens. Wer war Pelops Vater? Zweitens.
Rechtschreibung von ,reveille'. Drittens. Sehr wichtig.
Nicht vergessen. Ich brauche frisches Alvetern;
Mauer soll welches pflücken, sobald er auf den Berg steigt.
Viertens. Dies Schauerweib, Frau M.!
Wie lange soll ich hier noch warten? Wir sind schon über eine
[Woche hier,
Sie hat noch keine Vision gehabt. In all den vielen Jahren
Hat sie sich nie so schlecht betragen. Tu Sie was! Gib ihr
[Schnaps!
Oder ein Laxativ! Beschimpf Sie den Verblichenen! Irgendwas
Bringt sie in die rechte Stimmung! Sie soll was zeigen – noch
[heute!
Noch heut'! Was soll ich tun? Grad heut' fühl' ich mich krank.

Der Doktor kommt händereibend zurück

Doktor Nun, jetzt ist er voll Saft und Kraft ... Lina, mein Armes,
Was ist?
Sie sind so blaß.

Carolina 's ist gar nichts. Einfach Kopfweh.

Doktor Was macht
Der Puls? Ich dacht' es. Fiebrig. Sie sollten gleich zu Bett.

Carolina	Was wird aus meiner Arbeit? Nein, nein, Sie wissen doch so gut [wie ich: Er haßt Kranke um sich. Er vermutet, sie täten's ihm zum Trotz.
Doktor	Ganz einerlei, ich möchte, daß Sie jetzt gleich Fieber messen.
Carolina	Später vielleicht. Doch jetzt, ich bitte Sie, zu ihm kein Wort!

Nachdem Carolina die Papiere auf dem Tisch aufgeräumt hat, nimmt sie ihre Handtasche, entnimmt ihr ein paar Goldstücke und versteckt sie in einer Blumenvase in der Nähe der Treppe rechts. Der Doktor beobachtet dies und ist fasziniert.

Doktor	So also helfen Sie ihm aus! Ich wollt's schon immer wissen.
Carolina	Schwör'n Sie, dies bleibt streng unter uns!
Doktor	Sie geben ihm nie Schecks?
Carolina	Nein.
Doktor	Aber wie weiß er, wo er's finden kann?
Carolina	Zuerst da hatt' ich ein Versteck, Das ihm bekannt war: hinter der Nachttischuhr. Doch neuerdings bemerkte ich, daß seine größte Freude Versteckenspielen ist. So wechsle ich den Fundort stets. Große Dichter sind wie Kinder.
Doktor	Ja, und was wär'n die Dichter Ohne ihre Bonnen? Sie wären verlor'n. Was sag' ich – ohne Sie. Was wär' der Meister heute noch? Briefträger wär' er schlicht.
Carolina	Und tot wär' er zehn Jahre schon: Sie heilten ihn von Gicht.
Doktor	Komm, woll'n wir selbst uns loben, denn ein andrer tut es nicht.

Vergeblich weht der Geist, wofern er nicht
Aus heilem, ausgeruhtem Haupte spricht:
Lieder sind wie Leiber, und zu früh verstirbt
Der Dichter, der's mit seinem Arzt verdirbt.
    Zahn verfault,
    Muse mault;
    Blutdruck sinkt,
    Der Versfuß hinkt;
    Bauchkrawall,
    Sprachzerfall;
    Magensenkung,
    Bildverrenkung;
    Knochen rheumatisch,
    Rhythmus erratisch;

Haut zu spröd,
Form zu öd;
Muskel hart,
Sinn vernarrt;
Verdauung zu schwach,
Das Genie läßt nach.
Ich will ihn mit der Muse kopulieren:
Zu diesem Zweck muß ich ihn erst kurieren.

Carolina   Anfangs verdient kein Dichter sich sein Brot,
Da tut ein Freund, der ihn ernährt, ihm not:
Doch später braucht er wen, der ihm die Welt
Und seines Ruhmes Last vom Leibe hält.
      An ihn wenden
      Sich Studenten,
      Querulanten,
      Kaffeetanten,
      Biographen,
      Redakteure.
      Was ist Wahrheit?
      Fragt die Barmaid,
      Welche Richtung
      Nimmt die Dichtung?
      Lyrikbände
      Ohne Ende,
      Und gerührte,
      Unfrankierte,
      Schlecht getippte
      Manuskripte.
Wär' ich nicht da, für ihn die Post zu schreiben,
Des Dichters Werk müßt' ungedichtet bleiben.

Carolina und Doktor

Der Dichter stirbt, mit ihm nicht stirbt sein Ruhm:
Den Professoren dient er noch posthum.
Von Silbenstechern wird sein Werk zerpflückt,
Ediert, erklärt, mit Lesarten geschmückt.
      Reimschematik
      Und Grammatik,
      Lautgebärde,
      Die Silbenwerte,
      Die Paranthese
      Und ihre Genese,
      Aar und Dohle
      Als Ursymbole
      Werden gedeutet
      Und ausgebeutet,

Carolina und Doktor
    Ebenso wie
    Die Biographie:
    War er senil?
    Soff er zuviel?
    War er im Bett
    Auch munter und nett?
  Doch niemand schreibt Essays des Lobes voll,
  Den Dienern eines Dieners des Apoll.

  Man hört eine Lokomotivpfeife. Der Doktor sieht auf seine Uhr.

Doktor *gesprochen*
  Die Bergbahn trifft heut pünktlich ein.

III. Eine planmäßige Ankunft

Doktor   Lina, wenn Toni kommt,
  Ich bitte Sie um Nachsicht für ihn. Er geht durch eine Krise,
  Der Arme, und leidet viel. Ein Glück, Elisabeth ist hier:
  Vielleicht daß jemand Jüng'res mit Lachen helfen kann.

Carolina Haben Sie zu Elisabeth nicht gar zu viel Vertrauen?

Doktor Aber, hör'n Sie, Lina, was hat sie denn getan?

Carolina   Ich hab' entdeckt –
  Unglaublich! Sie liest Hofmannsthal!

Doktor   Nun, manchmal les' ich den auch.

Carolina Das ist was andres.

Toni Reischmann tritt von draußen ein, er trägt einen kleinen Koffer. Er ist hoch aufgeschossen, schmal und trägt sein dichtes schwarzes Haar einfach nach hinten gekämmt. Obwohl er keine körperliche Ähnlichkeit mit seinem Vater aufweist, scheint es, als ob er bewußt alles getan hätte, um sich von ihm zu unterscheiden: Er trägt einen tadellosen schwarzen Anzug und einen schneeweißen steifen Kragen, aber seine trotzige Zurückhaltung läßt vermuten, daß sie ihm unbequem sind; geradeso wie seine Schroffheit so wirkt, als ob er seine natürliche Gutmütigkeit zugunsten einer mit Humorlosigkeit verbundenen theoretischen Disziplin unterdrücken müsse. – Ein Diener tritt auf, um den Koffer fortzubringen, und ein Dienstmädchen stellt ein Tablett mit einer Kaffeekanne und sechs Tassen auf den Tisch an der Rückwand.

Toni Grüß dich, Vater.

Doktor   Willst du denn
  Unsre Tante Lina nicht begrüßen?

Toni   Guten Morgen.
  Wo ist mein Zimmer?

Carolina	Ich fürchte, 's ist nicht aufgeräumt. Du weißt ja, wie's hier zugeht.
Doktor	War deine Reise angenehm?
Toni	Ganz gut.
Doktor	Wie war der Orient-Expreß?
Toni	Ganz gut.
Doktor	Wie war denn das Examen, sag?
Toni	Ganz gut.
Carolina	Da kannst du jetzt ja froh sein.
Toni	Ist schon gut.
Carolina	Nimmst du Sahne und Zucker?
Toni	Wenn du meinst.
Doktor	Du willst dich sicher ausruh'n?
Toni	Wenn du meinst.
Doktor	Magst du Forellen heute?
Toni	Wenn du meinst.
Doktor	Wir könnten fischen gehen.
Toni	Wenn du meinst.
Doktor	Warst du im „Lohengrin" am Dienstag?
Toni	Nein.
Doktor	Scheinst dir aus Wagner nichts zu machen?
Toni	Nein.
Doktor	Aber dein bester Freund Hans verehrt ihn doch?
Toni	Oh, Bei Gott, Paps, nein, wie lange fragst du noch? *Uhr schlägt*
Carolina	Oh Gott, welch ein Morgen! Gleich schon wird man erscheinen, Und ich hab' nichts geschafft. Wenn Hilda nur endlich …

IV. Erscheinungen und Visionen

Carolina　　*eilt hinaus zu Hilda*
　　　　　　Frau Mack, wenn Sie bei uns sitzen woll'n, der Meister
　　　　　　Wär' hocherfreut, ganz sicher.

Hilda　　　*schaut vage von ihrer Handarbeit auf*
　　　　　　　　　　　　　　Der Meister? Ach, so ...
　　　　　　Sie gibt Carolina einen plötzlichen scharfen Seitenblick.
　　　　　　Um zu hör'n, was ich seh, zu sehn, was ich hör.
　　　　　　Dann, in liebenswerte Jugendlichkeit fallend
　　　　　　Wenn ihn die Handarbeit nicht stört ...

Carolina　　*lustig*
　　　　　　　　　　　　Aber gar nicht!

Hilda legt ihre Handarbeit in den Beutel und kommt mit Carolina von der Terrasse herein. Carolina plaziert sie hinten auf der Bühne und geht dann, die Daumen drückend, zum Doktor hinüber.

Carolina　　　　　　　Heut klappt's!

Gregor Mittenhofer, seinen Arm um Elisabeth gelegt, tritt munter von rechts hinten auf und bleibt auf dem Treppenabsatz stehen. Mittenhofer ist ein hochaufgerichteter, wohlgebauter Mann von fast 60 Jahren. Er trägt eine Samtjacke und Knickerbocker. Seine hohe Stirn und seine beethovenhafte Mähne wirken eindrucksvoll, und er ist geneigt, dies zu betonen, indem er oft seinen Kopf zurückwirft.

Elisabeth ist wenig über zwanzig: schön, ausgeglichen, stärker und weniger logisch als sie weiß, intelligent. Sie ist einfach, nicht übertrieben jugendlich gekleidet. Ihr Erscheinen, obwohl ein täglicher Vorgang, ist trotzdem ein tägliches Ereignis, und Mittenhofer genießt es am meisten. Und Carolina und der Doktor spielen ihre Rolle dabei und eilen ihm entgegen, obwohl beide ihn heute morgen schon gesehen haben. Toni erhebt sich langsam, Hilda setzt ihre Handarbeit fort.

Mittenhofer Guten Morgen!

Carolina und Doktor
　　　　　　Guten Morgen, Meister!

Toni　　　　Guten Morgen.

Mittenhofer Toni, schön daß du da bist!
　　　　　　Elisabeth, dies ist mein Patensohn Toni.
　　　　　　Toni *Gregor* Reischmann. Elisabeth Zimmer.
　　　　　　Wunderbar! Ihr habt euch sicher viel zu sagen, was?
　　　　　　Zuviel alte Leute sind hier, denkt ihr nicht?
　　　　　　Nun, ihr zwei! Erheitert das Haus!
　　　　　　Plaudert von kommenden Dingen, nicht wahr?

Toni ist in der Nähe des Tisches geblieben, aber als Elisabeth ihre Hand ausstreckt, kommt er zur Treppe gegangen. Elisabeth kommt ihm ein paar Stufen entgegen.

Elisabeth   Guten Tag.

Mittenhofer legt seine Hände auf die Schultern der beiden. – Gerade als Toni
Elisabeths Hand ergreift, wirft Hilda ihre Handarbeit zu Boden und schreit. Ihr
Gesicht nimmt eine visionäre Starre an. Die anderen stehen wie angewurzelt.

Hilda   Ah!
              Schnee fällt aufs Blütenmeer,
                  Felder und Wald
                  Deckt er schon bald.
                  Was wird begraben?
                  Unter dem Schnee

              Wird, was da kommen soll,
                  Arges erfahren:
                  Kalt hängt der Himmel.
                  Schneefall wird lehren
                  Erdkaltes Weh.

              Und den Unsterblichen
                  Hoch auf dem weißen Altar,
                  Bringt das sterbliche Herz sich,
                  Nicht böse noch schlicht,
                  Wie ein Opferlamm dar.

              Stirbt so im Opferrauch
                  Zwiefältig die Liebe?
                  Ist das Gerechtigkeit?
                  Ach, sind denn die alten
                  Götter noch wahr?

Mittenhofer Still. Fort hier. Laßt uns allein.

Carolina   Still. Laßt die beiden allein.
              Beeilt euch, kommt. Wir dürfen nicht stören.
              Leise, leise. Kein Wort. Geh!

Doktor   Toni, komm! Wir dürfen nicht stören.
              Sei nicht bockig jetzt. Laß uns gehn.

Elisabeth   Ich geh' schon, Lina, ich weiß ...

Toni   Oh Gott,
              Dieses Possenspiel widert mich an!
              entfernt sich ostentativ

Mittenhofer Großartig! Großartig! Die Götter sind gut!

Elisabeth   Ich wollt', er tät's nicht. Was nützt es ihm je?

Hilda   Oh Liebende, welch' Stern verstört euch? Oh!
              Die Fußspur geht durch den tiefen Schnee.

Mittenhofer Deut' der Zeichen Sinn für mich.

Hilda   Ich gab ihr Lorbeer immergrün,
            Sie wollt ihn tragen nicht.
                Mein Kuß war wie Fieber.
                Sie bat mich; Laß, Lieber,
                Mich in seinem Licht.
       Ich hielt ihn fest. Vergebens.
            Ein jeder Kuß zerbricht.
                Falala . . .

       Sie gab mir Blumen heilig-weiß,
            Die blühten für ihn nicht.
                Sein Kuß war wie Fieber,
                Vergebens, ach Lieber,
                Hieltest du mich,
       Und gabst mir eine Träne dann;
            Die wein' ich nicht allein.
                Falala . . .

       Sie gaben sich die Rosen wild,
            Sie pflückten Täler leer.
                Ihr Kuß war wie Fieber,
                Bald fanden die Liebenden
                Keine Seligkeit mehr:
       Wer alles für die Liebe gibt,
            Gibt auch die Liebe her.
                Falala . . .

       Sie setzt sich, dann nimmt sie den Anfang wieder auf.

       Der März grüßt den Winter hier
            Nun auf dem Berggrat, wo
            Unruhig der Gletscher abfällt,
            Verratend, enthüllend
            Den Frühling im Weh.
            Einsame Fußspur, geh
            Bergan, wer weiß wohin;
            Kurz nur blüht auf
            Das Glück in des Todes
            Schnee . . . – Oh!

       Hilda bricht ab und erhebt sich

       gesprochen
       Verweht und beendet ist meine Vision.
       Das Leben drängt weiter wie immer schon.

V. Alltägliche Angelegenheiten

Hilda nimmt ihren Strickbeutel und geht auf die Terrasse zurück. Carolina geht
zögernd auf Mittenhofer zu, der sich an den Tisch gesetzt hat.

Mittenhofer Gut. Gut. Genau wie es mir paßte.
Der Ton, den fast ich schon erfaßte,
Aus Zauber, Zärtlichkeit und Sorgen.
Sogar die Form ist schon in Sicht.

Carolina *furchtsam*
Meister ...

Mittenhofer Stör' Sie mich nicht ... Nun gut.
Was hat Sie denn für mich heut morgen?

Carolina Meister, Kritiken kamen heut.
Vielleicht, daß manche Sie erfreut.

Sie übergibt ihm ein Bündel von Zeitungsausschnitten, danach gießt
sie eine Tasse Kaffee für ihn ein und stellt sie neben ihn auf den Tisch.

Mittenhofer Kritiker ... Schurken! Literatenbrut!
Ihr Lob ist ärger mir als ihre Wut.

„Von allen Dichtern unsrer Zeit ..." Oh!
Wer sind sie? Wüßt' ich's, wär' ich froh.
Gewissen Gaumen Pfirsich, Pflaumen,
Wasser und Wein, schmeckt alles gleich.
Wen stellt man mir heut' wohl zur Seit'?
Ich wußt' es doch ... Die Plüsch-Dreifaltigkeit!
George, der verbotene Liebe
Züchtig errötend lobt und predigt;
Rilke, so sensitiv possierlich,
Herumgereicht von Schloß zu Schloß
Und doch kein wahrer Adelssproß;
Hofmannsthal, der so manierlich
Ganz wienerisch erzog'ne Weise
Aus der Phäaken heit'rem Kreise.
Literatur?
Keine Spur!
MAKULATUR!

zu Carolina

Nimm Sie den Zeitungsschund hier weg.
Ich lese ihn später durch, diesen Dreck.
Hat Sie die Abschrift des Gedichts gemacht?

Carolina Ja, Meister.

Mittenhofer Her damit!

Carolina   Ach, ich fürcht',
              Es ist sehr viel vertippt!

Mittenhofer   Wieso?

Carolina   Weil ich die Handschrift nicht lesen konnt'.

Mittenhofer Unsinn! Ich schreibe deutlich und klar.
              Eine neue Brille tut Ihr not.
              Sei Sie nicht zimperlich mit mir, mein Kind.

Mittenhofer liest die Abschrift
              Di-dum, di-dum, diddi-dum, di-dum,
              Dum-diddi, dum-diddi, dum, dum, dum,
              Di-dum, diddi-dum, dum-diddi ...

              schreiend
                              WAS?
              POET? „Und die Möwe winkt dem Poet ..."
              Sie schludert mir denn doch zu kraß!
              PORT, PORT, Sie Kuh! reimt sich auf FORT.
              Ist das zuviel für Ihren Geist?
              Ist Sie denn taub und blind und dreist?
              Warum nimmt Sie nicht gleich ein völlig neues Wort?
              Wie wär' zum Beispiel „FOET, COET, MOET"?
              Wie schön! Es wär' nicht schlechter als Ihr dummes
              Groteskes eig'nes Geschmier! Ach heul' Sie nicht!
              Schmier' Sie nur frisch draufzu,
              Doch laß Sie mein Werk in Ruh!
                  Unverzeihliche
                  Sudelei:
                  MAKULATUR!

Carolina   *in Tränen*
              Vergebung, Meister.

Mittenhofer   Sitz' Sie still!
              Und zapple nicht.

Carolina   Ich fühl' mich krank.
              O bitte nicht schelten!

Mittenhofer   Krank? Von Krankheit
              Ist gar keine Red'! Sie ist stark wie ein Roß.
              Was ist passiert mit Ihr? Frühlingstriebe?

              plötzlich lachend
              Frühlingstriebe! Jetzt ist mir's klar. Natürlich!
              Mein Patensohn ... Mai ... die Kuhglocken ... und die Alp!
              Linas armes Herz! Wie es schlägt und schmerzt!

              Die Gräfin in den besten Jahr'n
              Bringt leicht ein Bursche in Gefahr'n ...

Carolina   *wanken die Füße, sie schluchzt hysterisch*
        Grausame Bestie! Ich ertrag's nicht!

        Sie fällt in Ohnmacht

Mittenhofer Steh' Sie auf! Sie verstellt sich! Steh' Sie auf, sofort!
        Lina! LINA! O Gott, diese Last!
        Wo ist Wilhelm? Doktor! DOKTOR!

        Dr. Reischmann eilt von der Terrasse herbei

        Schau! Lina war müde, und sie fiel um.
        Sie trinkt doch nicht? Was hat sie?

Doktor   Influenza.
        Ich sagte, daß sie ins Bett gehört.

Mittenhofer Und warum tat sie's nicht? Bringt sie zu Bett.
        Das Mädchen soll helfen. Ich geh' an mein Werk.
        Ganz reizend, wie dieser Tag beginnt!

        Er zieht sich in sein Arbeitszimmer zurück.

VI. Hilfe

Der Doktor läutet dem Dienstmädchen, beide helfen Carolina in einen Armsessel.
Der Doktor schenkt Kaffee ein und führt die Tasse an Carolinas Lippen. Das
Dienstmädchen bringt das Tablett hinaus. Carolina kommt langsam zu sich.
Währenddessen öffnet sich langsam die Tür des Arbeitszimmers und Mittenhofer
blickt verstohlen heraus. Als er sieht, daß die andern von ihm abgewandt und be-
schäftigt sind, kehrt er auf den Zehenspitzen zu dem Stuhl zurück, auf dem er
gesessen hatte, wobei er leise vor sich hinsummt.

Mittenhofer O Titania, wenn ich wüßt'
        Wo heut' das Glück verborgen ist.

        Er schaut unter dem auf dem Stuhle liegenden Kissen nach

        O Titania! hilf mir doch!
        Wo willst du, daß ich suche noch?

        Er schaut in die Blumenvase

        Sieh da! Täuscht mich nicht mein Blick?

        Er nimmt das Geld heraus, zählt es, steckt es in die Tasche und ver-
        beugt sich vor der Blumenvase.

        Gute Titania, auf Knien hier
        Ich dank' für deine Güte dir.

        Er kehrt zum Arbeitszimmer zurück ... und schließt lautlos die Tür.

Doktor   Ich sagte es, Lina, Sie sollten ruhn.
        Ich warnte Sie doch. Was kann ich tun?

VII. Weltschmerz

Carolina   Nichts, Doktor. Mit mir kann man
            Gar nichts mehr tun, das fühle ich.
            Ja, der Tod erscheint als ein willkommener Freund.

VIII. Schönheit im Tode

Carolina   Und das Grab verlockend ...

Doktor   *erschrocken*
                            Lina!

*Josef Mauer eilt von draußen herein. Mauer ist ein in jeder Beziehung typischer
Bergführer: standesbewußt, von der Richtigkeit seiner Meinungen überzeugt, seiner
Wirkung sicher, und untrennbar von seiner Tracht. Man hört entfernte Glocken.*

Mauer   *gesprochen, erregt*
                                                    Gräfin ...
            Herr Doktor ... auf dem Hammerhorn ... hat man
            Einen Toten gefunden!

Carolina   *gesprochen*
                        Es lag in der Luft. Dieser Klang ...?

Mauer   Trauerglocken vom Tal. Sie tragen ihn abwärts ins Dorf.
            Seltsam war's, wie wir ihn fanden. Köpflings hergeländet
            Aus dem Gletscher, die Wangen gerötet
            Wie ein junger Mann mitten im Leben, so lag er dort tot Jahr
                                                        [und Tag
            All die Zeit, und das Eis im Haar noch tauend, ein Jungengesicht
            Mit weit offenen Augen zum Himmel, doch den Schädel zer-
                                                        [schmettert.

Carolina   Verzeihen Sie, lieber Mauer, aber ich frage mich,
            Was *uns* das angeht.

Mauer   *etwas verärgert*
                        Das werden Sie gleich erfahren.

Carolina   *resignierend*
            Verzeihen Sie. Ich bin krank. Berichten Sie weiter.

Mauer   Ich wette, sein Schicksal war es, in den Abgrund zu stürzen.
            So war's ganz sicher. Daß sein Leichnam den Berg herabfand
            Von dort, tief aus dem Eisfeld, und dazu der Föhn,
            Der dies Jahr herrscht, es stimmt genau mit meiner
            Rechnung, der Bursch' lag gefangen im Eis seit nunmehr
            Vierzig Jahr'n!

| Carolina | *flüsternd* |
| | Sie meinen ...? |

Mauer　　　　　　　　　Und ob ich meine! Ja,
Verstehen Sie nicht, Gräfin, ich bin ganz sicher, und, Doktor
Reischmann, Gräfin, glauben Sie nur, der Tote ist wirklich
Er ... Frau Macks verschollener Ehemann!
Das Glockenläuten hört auf

Doktor　　*gesprochen*
Wer wird es ihr sagen?

IX. Wer wird es ihr sagen?

Doktor　　　　　　　　Und wie? Tun Sie's?

Carolina　Ihr sagen? Es wär' eine Taktlosigkeit,
Wenn die Wahrheit ihre Vision vernichtet.

Doktor　Bin sicher, der Meister wird bedenken, wie wichtig
Es ist für ihr weiteres Leben. Glauben Sie nicht?

Carolina　Sie haben recht. Doch jetzt bin ich nicht
Imstand dazu.

Doktor　　　　　　　　Eine Frau sollt' es tun.

Carolina　Dann fragt Fräulein Zimmer, schlag' ich vor.

Doktor　Glänzend! Ich sag's ihr und hol' sie her.

Carolina　　　　　　　　　　Laßt sie dann
Allein nur ...

Doktor　　　　　　　Gut! Man läßt sie allein.
Er eilt zur Terrasse hinaus

Carolina　*mit schwachem Lächeln, zu sich selbst*
Des Meisters fremde Visionen sind nun versiegt:
Nun mag Fräulein Zimmer als neue Muse sich bewähren.
*Uhrenschlag. Carolina rafft automatisch ein paar Schriftstücke zu-
sammen und will eben gehen, als Mauer vortritt.*

Mauer　Sagen Sie Herrn Mittenhofer, das Wetter bleibt vorerst
Noch sonnig. Grüß Gott.

Carolina　　　　　　　Grüß Gott.

*Mauer verläßt das Gasthaus. Carolina geht beklommen in ihr Zimmer durch die
mittlere Tür rechts. Der Doktor führt Hilda und Elisabeth von der Terrasse herein
und lädt sie zum Sitzen ein.*

Doktor   Kommt herein, ihr zwei:
            Der Arzt weiß: schönes Wetter kann gefährlich umschlagen.

Er läßt sie mit übertriebenem Takt allein und geht rechts hinten ab.

X. Die Wetterlage

Hilda   Wie reizend du bist! Doch voll Sorgen. Warum?

Elisabeth   Bitte hören Sie:
            Vierzig Jahre schon sind Sie hier.

Hilda   Vierzig Jahr'? So sagt ihr;
            Doch bin ich erst seit gestern hier,
            Doch macht, ich fühl's, das Morgen mir
                Mein langes Heute neu.

Elisabeth   Sie sind zuviel allein.

Hilda   Du bist zuviel allein:
            Aber denk' nicht , daß die Zukunft,
            So unbekannt, mein Kind, dir deine
                Einsamkeit belebt.

Elisabeth   Können Sie verstehn ...

Hilda   Kannst du verstehn, daß eine Liebe lebt,
            Unglückseliger noch als die Liebe?
            Flieh' von hier!

Elisabeth   Ach, so hören Sie mich an.

Hilda   *mit steigender Eindringlichkeit*
                Ach, so hör' mich doch an!
            Der Gipfel leuchtet in der Sonn'. Sah einer je
                So kalte Glut? Schau her, er reckt
                    Sich wie der Tod zwischen
                    Dem Morgen und Gestern!
                    So weiß und endlos!
                    Geh! Geh fort und lauf
                    Dorthin wo Leben
                    Grünt! Flieh',
            Mein Kind!

Elisabeth kniet neben Hilda und legt ihren Arm um sie.

Elisabeth   Mein Kind, ich höre; hören Sie nun auch auf mich.
            Sie hören mir zu, sprechen mir nach,
            Und glauben und verstehn.
                Begreifen. Sprechen Sie nach:

*Stufenweise, zuerst mit wenigen Worten und dann in zunehmend grö-
ßeren Phrasen, und schließlich gänzlich, wiederholt Hilda wie in einer
Schulstunde die Worte, die Elisabeth sagt.*

Elisabeth und Hilda
      Ich kam hierher, wie gestern war's, mein Hochzeitstag,
        Ich fühle heute noch den Schlag:
        Mein Liebster, er ließ mich allein
          Und er blieb lange aus.
      Vierzig Jahr'. Vierzig Jahr' sind es heut. Die Zeit flieht,
        Der Quell bricht auf, der Gletscher zieht,
        Entläßt ans Tageslicht seinen Raub.
        Den Liebsten gibt er frei.

      Und heut, mein Gott, man fand ihn, wo der Gletscher stirbt.
        Mein ewiges Heute hat ein End,
        Mein Warten wunderbar
        Und mein erstarrtes Glück.
        Da liegt er kalt und tot,
        Da, nach all den vierzig Jahr'n
          Kehrt er zurück
          Am heut'gen Tag ...

*Während des Vorigen ist Toni leise von der Terrasse hereingekommen. Er ist be-
eindruckt: vielleicht mehr durch Elisabeths unerwartete menschliche Wärme als
durch die Neuigkeiten, die sie mitteilt. Hilda verbirgt ihr Gesicht in den Händen –
dann blickt sie auf, mit ausdruckslosem Gesicht.*

Hilda   *gesprochen*
      Wie spät es ist. Nun bin ich alt.
      Ich brauche Zeit zum Denken.
      Laß mich, mein Kind.

*Als Elisabeth aufsteht, schlägt die Uhr und Mittenhofer kommt aus
seinem Arbeitszimmer. Elisabeth geht auf ihn zu.*

Mittenhofer *gesprochen*
      Es ist schon elf. Komm zum Spaziergang.
      Nun, verschwend' nicht allzuviel Zeit
      Mit der Irren, mein Kind:
      Schafft doch die Jugend die Torheit sich selber,
      Muß sich nicht auch noch mit ältrer belasten.

*Als sie sich zum Gehen anschicken, erblickt Mittenhofer Toni an der
Tür, schlägt ihm beim Vorbeigehen auf die Schulter und vervoll-
ständigt seine Bemerkungen mit:*

gesprochen
Gelt, Toni?

XI. Ein visionäres Zwischenspiel

Toni blickt für einen Augenblick in die Richtung, in der sie gegangen sind, dann dreht er sich langsam nach vorn und führt einen Arm über seine Augen. Sein Ausdruck erinnert beinahe an Hildas früheren visionären Blick, aber seine Reise, fort von der Gegenwart, geht nach rückwärts.

Toni	O ferner, unvergessner Mai!

Toni   O ferner, unvergessner Mai!
              Die Mutter, sterbend, hofft', ihr sei
                 Mit mir ein letztes Glück
                     Beschert – –
              Die schwarze Amsel sang entzückt
                 Das Blütenweiß zur Erd'.

              Den Kopf neigt' sie, eh' sie verschied,

Toni   Als ob sie säng' ein Wiegenlied
                 Für den, der seiner Kindheit
                    bar,
              Zu groß, so sehr ihr fremd geworden war,
                 Und doch aus ihrem Schoß.

              Kein Amselruf rief sie zurück,
              Mein Bild verging in ihrem Blick.
                 Sie sah die Blüten welk
                    Und braun
              Im Tod, und alles was die Erde hält,
                 Ganz unsichtbar, voll Graun'.

Toni blickt erneut zu der Stelle, an der er Elisabeth zuletzt sah.

XII. Morgen: Schnittpunkt des Wahnsinns

Hilda   Herrlicher, du kamst zurück, deinem Schwure treu,
              Bringst deiner Braut, was dein Wort ihr versprach.
              Lang ich wart', jeder Morgen war neu mir,
              Und wenn es tagt, Liebster, so frag' ich nicht: warum.
              Mein ist das Jetzt, du entläßt mich ins Heute,
              Unser der Bann, aus dem du mich befreit!

Toni   Ihre Lieb' läßt mich mein Leben finden,
              Und jetzt erst werd' ich frei;
                 Was kein Morgen je mir rauben kann,
                 Mein Verlangen hat kein End':
              Was lange glühte, das entbrennt.
              Unsre Augen schwören brennend Liebe,
              Tod erst spricht uns davon frei!

Hilda   Mein Held ist da! Das Eis ist gebrochen!
              Der Tag ist schön! Die Zukunft sagt sich an!

Hilda läßt ihre Handarbeit zurück und geht wie berauscht nach rechts vorn ab. Toni bleibt und starrt immer noch in die Richtung, in die Elisabeth gegangen war.

Vorhang fällt rasch

ZWEITER AKT

Das Erscheinen der Braut

I. Eine Leidenschaft

Der schwarze Adler. Einige Tage später. Nachmittag. Toni steht, wo er stand, als der Vorhang über dem 1. Akt fiel. Aber er ist jetzt so gekleidet, wie es üblich ist in einem Berghotel: Gemslederjacke, schwere Hose, offenes Hemd. Elisabeth kommt von draußen herein, Blumen in der Hand; sie ist anders als im 1. Akt gekleidet, wenn auch in der gleichen Art. Beim Hereinkommen legt sie die Blumen ab, blickt sich eilig im Zimmer um, dann fliegen sie und Toni aufeinander zu und umarmen sich.

Toni   Elisabeth

Elisabeth   Toni!

Toni   O Liebste!

Elisabeth   Mein Lieber!

Toni und Elisabeth
     Sieh mich an! Sag mir,
     Sag, es ist wahr!

Toni   Halt ich dich
     Wirklich im Arm?

Elisabeth Du hältst mich
     Wirklich im Arm.

Toni   Ich lebte, verstört,
     Bei gestaltlosen Schatten,
     Da war kein Antlitz,
     Ich war verlor'n.
     Ich war ich selbst
     Und war allein,
     Sah die Welt im Traum.
     Bis du kamst
     Und Tag anbrach.

Elisabeth Ich lebte, verstört,
     Ein gestaltloser Schatten,
     Mir war mein Antlitz,
     Mein Selbst war verlor'n.

Elisabeth	Sie waren sie selbst,
	Ich war allein,
	Lebte nur als Traum.
	Bis du kamst
	Und Tag anbrach.

Toni und Elisabeth
>Glück! Glück, zu atmen,
>Endlich frei,
>In lebend'ger Welt!
>Da zerbricht das Schweigen,
>Ein schreiend Herz
>Hört des andren
>Herzens Schrei,
>Und wo wir sind, da ist
>Noch nichts verlor'n.

Toni Verlor'n das Dunkel, gleißt der weiße Tag!
Es wartet unser, was nicht warten mag.
Laß uns fortgehn!

Elisabeth   Liebster, wie gern! Aber nein,
Ihm gebührt von mir ein Abschiedswort.

Toni Sag's ihm sogleich dann. Ich will gehn, ihn wecken.

Elisabeth Geh nicht. Es wäre grausam, ihn so plötzlich
Aufzuschrecken. Befürchte nichts. Ich sag es
Ihm später. Liebe lehrt uns freundlich sein.

*Sie umarmen sich. Carolina kommt erschöpft aus der Mitte rechts
erblickt sie ... und kreischt auf.*

Carolina Doktor! Schaun Sie! Rasch! Herbei!

*Der Doktor kommt eilig von rechts vorn; Carolina weist auf das Paar,
das sich schnell, aber mit Gelassenheit getrennt hat.*

zu Toni und Elisabeth
Seid ihr von Sinnen? Wenn das der Meister ...

Toni Laßt mich doch erklären. Wir lieben einander.

Carolina Unsinn! – Gott sei Dank komm ich beizeiten,
Um der Narretei zu wehren.

zum Doktor
Sie nehmen ihn vor, und ich das Mädchen.
Wir regeln dies wie vernünftige Menschen,
Friedlich, ohne Aufsehen. Um viertel nach vier
Kommt der Meister her.

zu Elisabeth
                              Sie kommen mit mir.

II. Vernünftige Reden

Elisabeth zuckt flüchtig mit den Schultern und geht auf die Terrasse hinaus, von Carolina gefolgt. Dort geht sie an die Balustrade und schaut ins Weite, mit dem Rücken zu Carolina. Die Herren bleiben im Innern, vorn.

Doktor Du weißt nicht, was du anstellst.

Toni Ich weiß nur eins:
Glanz erhellt mein neues Leben.
Warum reden?

Doktor Und deine Zukunft?

Toni Sie ist die Zukunft.

Carolina Fräulein, ich warte:
Erklären Sie mir den ganzen Fall.

Doktor Ganz fatal, Sohn. Dein Pate wird ...

Toni Der Meister! Der Meister! Er ist mir gleich!
Was die Welt will, sind junge Herzen,
Nicht alte Dichter!

Carolina Sie haben Pflichten hier,
Wie wir alle.

Doktor Es ist undenkbar:
Die Frau, die du dir erwählt hast,
Ist des Meisters Mätresse.

Carolina Sie brechen sein Vertraun! Haben ihn verraten!

Doktor Der Fall liegt klar.

Toni Das ist klar nur,
Du haßt Elisabeth. Du hassest Liebe.
Darunter litt ja auch die Mutter.
Sicher nahmst du sie, weil sie reich war und angesehen?

Doktor Schweig!

Toni War's so? Sie ist tot jetzt.
Sag mir endlich „so war's".

Doktor Toni, was tust du!

Carolina Vergessen Sie denn ganz den Meister und sein Werk?

Toni Ich wollt's nicht sagen. Bedaure. Verzeih mir!

Carolina Er muß sich konzentrieren! Und nichts darf ihn stören!

Doktor	Als sie hinschied, wollt' ich, ich stürbe auch. Ach, ich wollte, du wärest glücklich, Ein guter Sohn wie sie ihn träumte.
Carolina	Wie oft schon ist dergleichen passiert?
Doktor	Elisabeth ist nett, aber nichts für dich.
Carolina	Die Wahrheit, bitte!
Doktor	Toni, ich weiß, Ich bin alt und ein schwieriger Vater zuweilen, Doch ich hab nur dich allein!
Carolina	Also bitte die Antwort!
Doktor	Gott mit dir, mein Sohn. *geht langsam nach hinten ab*
Carolina	Was ist? Sprich, verdammt! *Elisabeth, kaum in der Lage, sich zu kontrollieren, dreht sich um, um Carolina anzusehen, und antwortet endlich in einem bewußt leichten Ton.*
Elisabeth	Sie sprechen von mir. Und Sie, Gräfin, vergessen wohl, Daß ich mein Eigen bin? Ist es ihr Amt, Für den Meister zu kuppeln? Verzeihn Sie die Frage.

Carolina schaut ihr für einen Augenblick direkt ins Gesicht, dreht sich dann um und geht in den Hintergrund der Terrasse. Uhrenschlag.

III. Jeder an seinem Platz

Elisabeth	Falsch, Vater, falsch von dir, Erlogen, falsch! Blindlings schuf Einen Abgott ich aus dem zutiefst Verderbten Kind! Arglos erschien Sein Geist in deinem Geist, Bis Trug und Wollust und Schmach Über mich stürzten! Entweiht! Wie soll ich bestehn, Da ich die Liebe so schwer verriet?

Toni   Kalt, kalt,
                Die funkelnde Kugel der Welt;
                    Stark, stark,
                Die reich sind, gerecht und alt:
                    Blind, blind,
                Vor dem was rein ist, klar und wahr;
                    Taub, taub,
                Vor der arglosen Herzen Schrei;
                    Eiskalt
                Sind sie verschwor'n zum Liebesmord.

                Carolina betritt die Halle rechts hinten und nähert sich Toni.

Carolina   Suchen Sie Elisabeth? Sie wartet auf Sie.
                Sie ist auf der Terrasse. Die Sache duldet
                Keinen Aufschub, also faßt den Entschluß,
                Und zwar rasch. Der Meister nimmt jetzt den Tee.

IV. Die Stunde des Meisters

Uhrenschlag. Während des Vorhergegangenen haben die Diener einen Teetisch von hinten rechts gebracht und sind wieder verschwunden. Carolina inspiziert ihn kurz, ordnet ein paar Dinge darauf und zieht sich zurück. Toni geht hinaus zu Elisabeth. Kurz nach dem Uhrenschlag kommt Mittenhofer aus seinem Zimmer und setzt sich friedlich und schnell zu einer opulenten Teemahlzeit, wobei er alles um sich herum ignoriert.

Elisabeth *zu Toni, rasend*   Du hattest recht.
                Hol mich heraus,
                Nimm mich, bring mich fort,
                Einerlei
                Wohin, nur von hier fort!
                Sonst überleb'
                Ich nicht den Tag.
                Uns're Gräfin kennt
                Sicher was Passendes,
                Mehr pflichtbewußt, anständig:
                In ihren Kreisen
                Gibt's sicher noch viel junge Mädchen,
                Die sich gern die Gesellschaft
                Des Herrn Mittenhofer
                Als Ehr' widerfahren ließen.

                Mittenhofer blickt für einen Augenblick von seinem Tee auf, wendet den Kopf und entdeckt Carolina.

Mittenhofer Endlich ist Sie wieder auf. Sie muß mehr essen und weniger tun.

                Carolina kommt näher und stellt sich zum Teetisch.

Elisabeth *zu Toni*   Küß mich!

Carolina	Bin nicht hungrig.
Toni	Vorsicht!
Mittenhofer	Wo ist unsre Exprophetin?

Carolina   In der Wirtschaft, höchstwahrscheinlich, sitzt bei Kartenspiel
[und Schnaps.
Natürlich, die Burschen mogeln, und ihr gefällt das.

Mittenhofer   Nun, von mir aus.

Toni zu Elisabeth
Willst du's nicht endlich sagen?

Mittenhofer   Wenn mir nichts einfällt, ist das
Essen ein freundlicher Trost.

Elisabeth   Toni, wie das alte Weib
Sich mit Schmutz bedeckt. Durch sie wird er's erfahren.
Hier gilt nur des Tages Ablauf. Hier muß ich mich unterordnen.

Toni   Doch, ich will, er soll's erfahren ...

Carolina   Meister wär's nicht gut Sie dächten mehr
An Ruh' und Einsamkeit? Wie soll das Werk denn weitergehn
Und wachsen, wenn gewisse Leute ...

Mittenhofer scharf
Gewisse Leute? Was soll
Diese Bemerkung? Was?

Toni   Und glaubst du nicht, es wäre gut,
Es erst dem Vater zu sagen?

Mittenhofer   Sie meint Elisabeth! Schon gut.
Wen sonst?

Toni   Er ist so besorgt und hilflos. Bedenk, ich bin sein einz'ger Sohn.

Mittenhofer Also?

Carolina   Ich wollte es verschweigen, doch ...

Mittenhofer   Wenn's das ist, was Sie brennt
Zu melden, über sie und Toni, nun, das hab' ich längst bemerkt.

Carolina   Er küßte sie vor meinen Augen!

Mittenhofer   Besser als in Heimlichkeit!

Carolina   Doch was soll nun geschehn?

Elisabeth   Oh Toni ...

Mittenhofer Laß sie doch die Kinder spielen.

Elisabeth   Wozu reden wir?

Carolina   Doch, Meister ...

Mittenhofer   Der Geschmack ließ Sie im Stich.
            Ich bitt' Elisabeth nun zu mir. Die Waffeln sind heut trefflich
Toni   Liebste!   [gut.

Elisabeth   Nein. Seit du mir den Kuß verwehrt hast, wehrt nun auch
            Mein Herz aller Zärtlichkeit!

Mittenhofer *während er Krumen vom Tisch aufliest und sich in den Mund stopft*
                 Sie will ... will nicht ... sie will ... will ... nicht ...
            *Carolina ist, wie Mittenhofer es verlangte, auf die Terrasse hinaus
            gegangen. Hier nähert sie sich dem Paar mit übertriebener Höflichkeit.*

Carolina   Verzeiht die Unterbrechung einer
            Zweifellos wichtigen Beratung. Der Meister sagt,
            Er hätte gern Elisabeths Gesellschaft jetzt zum Tee.
            Ich hab' ihm noch nichts gesagt.

            *Sie läßt sie allein, kommt in die Halle zurück, wo sie einige Dinge
            vom Schreibtisch nimmt, und geht dann in Mittenhofers Zimmer.*

Toni   Laß mich
            Mit dir gehn.

Elisabeth   Nein! Es handelt sich um mein
            Problem. Und das lös' ich ganz allein.

            *Uhrenschlag. Elisabeth geht hinein zu Mittenhofer; Toni setzt sich
            auf der Terrasse in einen Fauteuil, mit dem Rücken zum Publikum.*

V. Persönliche Angelegenheiten

Mittenhofer Nimm Platz, mein Kind.
            Bist du bös mit mir?

Elisabeth   Nein. Nicht böse.

Mittenhofer Doch du warst es, ganz gewiß, mein Lieb,
            Zornig mit mir, weil ich ärgerlich war,
            Daß du Hilda den Tod ihres Gatten verraten hast.

Elisabeth   Es war nicht dein Ärger mit mir, der mich kränkte.
            Du warst so grausam zu ihr.

Mittenhofer Da hast du recht.
Ich war grausam. Doch warum?

Elisabeth   Warum? Du hast, wie du's
Schon immer getan,
Nur an dich gedacht.

Mittenhofer Nein, da irrst du dich sehr.
Was mich umtrieb, das war mehr,
War das unfertige Gedicht,
War das Ringen um Gestalt.

Elisabeth   Du mußtest zuerst
Doch an ihr Glück denken,
Statt an alle Dienste,
Die sie dir erwies.
DU, vor allen andern,
Du, der predigte
Meiner Generation,
Daß das Nur-Für-Sich-Leben Todsünde ist!

Mittenhofer Du hast recht, ich weiß.
Wiederum erkenne ich,
Daß ein Poet
Zu niemand gehört
Als nur zu sich allein.
Aber nun zu dir,
Du meine Muse: Ich hör'
Durch die Worte, die du findest
Für die alte Frau,
Die Stimme deiner Not,
Wie dein Herz mich ruft:
„Gib Elisabeth doch frei!"

Elisabeth   Nein! Nein!
Ich dachte nicht dabei an mich.

Mittenhofer Glaubst du, mein Kind?

Elisabeth   Doch wofür denn
Sollte ich frei sein?
Frei sein wovon?

Mittenhofer Frei wofür?
Können wir's erkennen?
Frei wovon?
Wovon willst du denn frei sein?
Nun, erst einmal, von mir.
Wie du willst, soll es sein.

Mittenhofer Ich folge dir,
   Fühle so, wie du fühlst.
   Und wen muß ich sehn
   Dicht und nah?
   Den alternden Narr,
   Mit verbrauchten Späßen,
   Verwöhntes Kind,
   Das stampft und greint,
   Wenn's gehorchen soll,
   Und dann, o Gott,
   Die Atmosphäre
   Um ihn her,
   Der ganze Kultus, das
   Oh wie lächerlich,
   Wie witzlos muß
   Es dir erscheinen,
   Nicht wahr? Doch.
   Wie es auch sei,
   Was immer du denkst,
   Ich brauche das,
   Denn es schützt und hält
   Die kleine Welt,
   Die in mir tief
   Von jeher schlief.
   Du, Kind, wie ich weiß,
   Liest mit Verständnis,
   Doch du ahnst es nicht,
   Nichts von der Belastung,
   Nichts von der Berufung,
   Ein Künstler zu sein!
   Oh, was es heißt,
   Niemals, niemals
   Zu fühlen, zu denken, sehen, hören,
   Ohne zu fragen: „Wie
   Kann ich's brauchen für mich?
   Und abstrahieren
   In Jamben und Reim?"
   Und mit der Zeit
   Verzerrt sich das Bild
   Von Gut und Schlecht,
   Von Echt und Wahr.
   Bleibt nur, was dient
   Und nicht dient dem Gesang.
   Siehst du jetzt ein,
   Warum so oft ich
   Vorbeigeh' am Menschen,
   Ja, selbst an dir?

Mittenhofer　Schon wieder spiel'
　　　　　　　Ich selber mich vor.
　　　　　　　Abermals ließ ich mich gehen.
　　　　　　　Elisabeth, mein Engel,
　　　　　　　Verzeih mir.

Elisabeth　　　　　　　Du mußt mir
　　　　　　　Ja doch vergeben,
　　　　　　　Wie unrecht ich dir tat!

Mittenhofer　Versprich mir dies eine:
　　　　　　　Wenn immer du fühlst, du möchtest fort ...

Elisabeth　　Ich bleib'.

Mittenhofer　　　　　　Jetzt noch, vielleicht.
　　　　　　　Doch früher oder später
　　　　　　　Wird's sein, dann mußt
　　　　　　　Du's mir sagen. Versprichst du's?

Elisabeth　　Ich versprech' es.

Mittenhofer　　　　　　Dann ist alles gut.
　　　　　　　Carolina kommt aus Mittenhofers Zimmer zurück.

Carolina　　Ihr Zimmer ist gerichtet. Es warten auf Sie
　　　　　　　Papier und Tinte. 's ist fünf Uhr schon.
　　　　　　　Mittenhofer erhebt sich und küßt Elisabeth auf die Stirn.

Mittenhofer　Gott schütz dich, mein Kind.
　　　　　　　*Mittenhofer geht in sein Zimmer. Diener kommen von vorne rechts
　　　　　　　und stellen den Tisch wieder fort.*

Elisabeth　　Carolina, ich fürchte, ich habe Sie verärgert.

Carolina　　　　　　　　　　Sie,
　　　　　　　Sie, wieso Sie? Kümmern Sie
　　　　　　　Sich bitte um Ihre eigenen Sorgen
　　　　　　　Und nicht um die der anderen.
　　　　　　　Carolina geht rechts Mitte ab. Uhrenschlag.

VI. Die Sorgen der anderen

Elisabeth　　Du mein, ganz mein, das kleine Sternbild blinkt,
　　　　　　　Schneeflocke fällt durch jährlich kält're Wehn:
　　　　　　　Ganz mein im Tod auf bleiche Wange sinkt
　　　　　　　Und nicht mehr mein sich löst in fremder Trän'.
　　　　　　　Toni kommt schüchtern von der Terrasse herein.

Toni　　　　Weiß er's endlich?

VII. Was gesagt werden muß

Elisabeth
                              Nein.

Toni
                    Warum noch nicht?
          Es muß doch sein, immerhin.

Elisabeth
          Immerhin, vielleicht gibt es nichts mehr
                    Zu sagen. Was soll er wissen?
          Er weiß ja ohnehin doch alles.
                    Was wissen wir denn, Toni,
          Über uns beide?

Toni
                              Wir wissen,
          Daß wir uns gehören.

Elisabeth
                                        Wirklich?
          Ich weiß, ich liebte Vater. Glaubte dann,
                    Ich liebte Gregor, und ...

Toni
          Elisabeth, wie fremd bist du mir. Was
                    Fuhr in dich? Du bist nicht bei dir.

Elisabeth
          Vielleicht nicht. Vielleicht war ich es nie.
                    War ich denn bei mir, als ich mir
          Seine Liebe erträumte?

Toni
                                        O schweig!

Elisabeth
                    Der Traum ward Wirklichkeit,
          Wie man's im Märchen liest. Die Magd fand
                    Ihren Prinz. Sie sollte
          Glücklich sein bis an den letzten Tag.
                    Und was geschah dann?

Toni
                                        Des
          Hexenmeisters Bann ward zerbrochen.
                    Das geschah dann.

Elisabeth
                                        Nichts geschah;
          Du kamst ...

Toni
                    Dann freite der Hirtenjunge
          Die Prinzessin und wußte,
          Daß er sie ewig liebte ...

Elisabeth
                                        Ihr war,
          Als ob den Schwur sie hörte.
          War das wirklich, oder war's wieder
                    Nur Hexerei?

Toni
                    Sag, du liebst mich
Oder nicht!

Elisabeth
                    Toni, hör', ich bitt' dich.
Ich kann ihn nicht verlassen.

Toni   *geflüstert*
Was soll das heißen?

Elisabeth
                    Versuch', es zu verstehn.
Es gibt wohl Frauen, wie's scheint,
Deren ganzes Sein sich erfüllt
             Nur durch den ält'ren Mann.

Toni
                    Nein! Nein!
Das ist unwahr. Ich kann's nicht glauben!
           Niemals! Das ist nicht ehrlich!
              Der Satan hat dich verblendet nur!
            Doch dem werd' ich ein Ende machen!
Ich bring' das zurecht!

Er wendet sich wütend zur Tür von Mittenhofers Arbeitszimmer.

Gerade als Toni auf die Arbeitszimmertür zustürzt, kommt Carolina aus der Mitteltür, begreift schnell, was geschieht und stellt sich ihm in den Weg.

Carolina
                    Herr Reischmann!
Sie wissen, der Meister ist jetzt nicht
Zu sprechen!

Toni   *tobend*
                  Der Mittenhofer
Wird ganz das tun, was ich will!

Carolina   *schreiend*
Aber nicht jetzt!

VIII. Aber nicht jetzt

Elisabeth
                Toni!

Toni
                    Grad jetzt
Ist's mir genehm. Grad jetzt! Wo ist er?

Gerade als er Carolina beiseite stoßen will, kommt Mittenhofer, durch den Lärm angezogen, aus seinem Studio. Er ist ganz beherrscht und trägt eine halb humorvolle, spöttische Miene zur Schau. Einen Augenblick später kommt der Doktor, auch dieser durch den Lärm angezogen, aufgeregt von unten rechts. Elisabeth, nach ihrem einzigen Versuch, Toni Einhalt zu gebieten, sitzt nun und blickt mit gesammeltem unbewegtem Gesicht geradeaus.

Mittenhofer mild
Schon gut, Toni. Hier bin ich. Sprich frei heraus.
Es ist gut, Lina. Was geschah mit uns?
Sind nicht in der Schule hier, nicht im Palast:
Niemand braucht hier zu meutern oder furchtsam zu sein.

Toni
Ich lieb' Elisabeth. Sie liebte auch mich,
So sagte sie. Und jetzt sagt sie nein.
Man soll mir das erklären. Hat sie denn Angst,
Den alten Barden zu beleidigen, hat sie Angst vor ihm?
So, jetzt ist's raus. Und doch traf mich kein Donnerkeil!
Elisabeth, sag's ihm! Sag's doch!

Doktor
Verzeih ihm, Meister, er ist jung. Und halt' ihn auf!
Er versteigt in Torheiten sich; laß es nicht zu!

Toni
Sag ihm, du liebst mich, Elisabeth. Das ist doch wahr!
Jetzt kann ich nichts mehr sagen. Jetzt entscheide du!

Carolina
Wahnsinn!

Carolina zieht sich in den Hintergrund zurück und beobachtet von
dort aus mit steinernem Blick den weiteren Verlauf.

Mittenhofer eindringlich
Erlaube, Toni. Wilhelm, still!

Mittenhofer geht auf Elisabeth zu.

Mein Kind, Konventionalität
Ist fehl am Platz: Sag mir offen,
Was du fühlest, wie du mir versprachst,
Ganz ohne Furcht, daß ich vielleicht
Zu eitel oder schwach gar wär'.

Doktor
Vergib ihm, Meister. Es geht nicht an!

Mittenhofer
Hast du vergessen? Toni ist auch mein Sohn.
Er hat sich verliebt. Ich versteh' nicht,
Was ich verzeih'n soll.

erneut zu Elisabeth gewendet
                Und warum,
Kind, wenn du Toni liebst, wissend, wie sehr
Ich selbst ihn lieb', bist du voll Angst
    Und sagst nicht frei
    Und ehrlich zu mir:
    Ja, nein, wie du willst,
    Dann wär's vorbei.

Toni   Wir gehn noch heut'!
                Laß auf die Teufelei'n
                Dich nicht ein! Mit seiner Macht
                Wär's dann vorbei!

Doktor   *beiseite*
                Ich wünschte mir,
                Sie ließe sich nicht ein
                Auf diese Narretei'n,
                Dann wär's vorbei.

Elisabeth   *gleichmütig, fast kühl*
                Warum zeig' ich
                Mein Herz öffentlich?
                Könnte ich einsam sein,
                Dann wär ich frei!

Mittenhofer   Ihr zwei, vergebt mir. Ich seh' es ein:
                Mir schien, daß Toni selbst sich täuscht;
                Jedoch der Selbstbetrug war mein.
                zu Elisabeth
                Ich würd' sagen, wüßt' ich dich
                Weniger stark, das Spiel sei unerträglich:
                Doch du hast nicht zu wählen
                Zwischen zwei beaux, sondern dich als Weib
                Zu erfüllen, oder Muse zu sein.

Toni   *angstvoll*
                Elisabeth, nein! 's ist mehr als das für mich!
                Wenn du nicht wagst zu sagen, daß du liebst,
                Dann ist doch alles sinnlos, sinnlos; dann
                Wär' ich gewiß, du liebtest mich aus Mitleid.
                Und wie könnt' ich jemals noch mir selbst vertraun?
                Und wär' es nur Mitleid, gib mich jetzt nicht auf!
                Wie kann ich leben? Was ist noch wahr?

Doktor   *auf Elisabeth zugehend*
                Wenn du nicht sagst, du liebst ihn, sieh es ein,
                Das ist nicht ernsthaft! Viel Arbeit steht vor ihm!
                So jung er ist, er erholt sich. Die größte Gnade
                Ist, wenn du sagst, du liebst ihn nicht, denn das ist wahr!

Mittenhofer   Wenn du ihn nicht liebst, bitte sag es.
                Denn mich zu schonen –, – wäre eitel Mitleid.
                Bin nicht zu alt, erhol mich schnell davon.

Carolina   Wie im Tollhaus ist's! Der Aberwitz!

IX. Die Braut

Da nun die gegensatzvollen Argumente von allen Seiten an sie herankommen, verschließt sich Elisabeth schließlich die Ohren, schüttelt den Kopf, als ob sie alles verneinen wolle, bricht in Tränen aus und verbirgt ihr Gesicht in den Händen. Plötzlich hört man das laute Geräusch von Kuhglocken hinter der Bühne und darauf das Singen von Hilda. Elisabeth hebt den Kopf. Die andern versuchen krampfhaft ihrer Haltung den Anschein von Zufälligkeit zu geben. Hilda kommt an Mauers Arm herein. Sie ist leicht angeheitert und hält in der einen Hand eine enorme Zigarettenspitze, in der anderen eine große Glocke. Mauer hält einen Sonnenschirm über sie. Sie ist sehr sorgfältig gekleidet, ganz auf der Höhe der Mode von 1910, oder jedenfalls was man in einem Bergkurort außer Saison darunter verstehen würde, und hat ihre Aufmachung, im Gegensatz zu ihrer Erscheinung im 1. Akt, in eine angemessene Beziehung zu ihrem Alter gebracht. Nachdem sie die Halle betreten haben, klappt Mauer den Sonnenschirm zu; Hilda hört auf zu singen und betrachtet die verwirrt dastehende Gruppe der Anwesenden.

Hilda	Und niemand sagt: „Dies hier
	    War's, was uns fehlte!"?
	    So. Man hat's entdeckt.
	    Der alte Dante,
	    Regt er sich auf?
	Hat der Hausdrachen hier
	    Euch erwischt mit den
	    Fingern im Mus-
	    Topf? Und ihr fehltet
	    Bei der Andacht?
	Schrecklich, ohne Zweifel.
	    Doch sag ich euch:
	    Von hier macht ihr ein sehr
	    Bizarres Tableau.

Mittenhofer Dann, wenn Frau Mack uns entschuldigt, wir ...

Hilda   *zu Carolina*

                                   Oh, Frau Herzogin,
Sei Sie ein Sweetheart und bring Sie
Mir einen Armagnac, bitt' schön! Ich bin außer Atem.
Bergsport in meinem Alter!

Carolina   Unerhört!

Hilda   *die Achseln zuckend*

                                 Oh Quickel-Quackel.

Mittenhofer Frau Mack ...

Hilda   *ihn abwinkend*

                      Nein, nicht Sie! Sie machen Scherben.
Josef wird gehn.

Mauer geht nach unten rechts ab und lehnt Hildas Sonnenschirm bei der Türe an die Wand.

Hilda
> Er ist ein Gentleman; das ist
> Mehr als ich sage von einigen Damen
> Aus diesem Kreise. Mach daraus ein Sonett,
> Mein Täubchen, es ist ja viel besser, als was du
> Sonst von mir hast, doch ich muß dich warnen – –
> Diesmal kriege ich zehn Prozent, auf Vertrag!

Toni   Elisabeth, ich bitt' dich . . .

Doktor   Meister, das geht nicht an . . .

Carolina   Wenn Sie erlauben, daß . . .

Mittenhofer   Das geht nicht länger so . . .

Hilda   *ärgerlich die Glocke schwingend*
> Ordnung hier! Ordnung!
> Ich verbitt' mir den Lärm!

auf Elisabeth zugehend

> Sie machten dich weinen.
> Das darf nie mehr geschehn.
> Schau sie an: Sie sind albern,
> Und der Tränen nicht wert.

Mauer kommt zurück mit einem Getränk auf einem Tablett und bringt es Hilda.

> Danke, Josef!

Mauer zieht sich auf die Terrasse zurück. Hilda gibt ihr Glas an Elisabeth weiter.

> Nimm du's,
> Mein Kind, dir wird es besser tun als mir.

Elisabeth nippt einmal daran. Sie sieht auf.

Elisabeth   Frau Mack, halten Sie mich für eine Hure?

Hilda
> La! Was ein schlimmes Wort.
> Wie dem auch sei,
> Aus Ihnen wird niemals
> Ein gefallenes Mädchen, mein Kind, ganz sicherlich
> Nicht.

Elisabeth   *aufstehend*
> Toni, willst du mich zur Frau?

Toni   Elisabeth! Ja! Glaubtest du nicht?

Doktor
> Oh, tu ihm das nicht an!

Hilda	Nun machst du etwas falsch, mein Kind, 's hat keine Zukunft. Verlaß dies Haus und komm mit mir; Du brauchst es. Schon morgen soll's sein. Noch ist es rechte Zeit?!
Elisabeth	*zu Toni* Es geht unmöglich jetzt, und doch, du bist die Zukunft.
Toni	Ich wart' für alle Ewigkeit, So wart' auch du auf mich.

Elisabeth	*zu Hilda*
	                  Ich geh'.
	zu Toni
	    Für uns kommt bald die Zeit!

Doktor	Du machst ja alles falsch, mein Sohn, 's hat keine Zukunft. Gehorch', ich bitt' dich, ohne Zwang. Denk nicht an Heirat jetzt! Bedenk, Es ist die falsche Zeit!

Mittenhofer beiseite	Der jungen Liebe, ja ich weiß, gehört die Zukunft.
	    In ihnen steht das Gestern auf,
	        Schwebend, schwebend, wie leichter Schnee.
	        Und das für alle Zeit!

Elisabeth	Doktor, es ist mir klar, daß Sie, Auch wenn Sie nicht mir feindlich sind, Nicht gerne sehn ... *Mittenhofer unterbricht sie, indem er seine Hand auf ihre Schulter legt.*
Mittenhofer	Mein Kind, du erlaubst ... Wilhelm, ich versteh, was dich kränkt – – Dennoch, viel wichtiger ist es, zu Wissen, daß für Toni niemand Besser sein kann, als sie. Gib's zu, deine Ansicht ist passé, Mein Freund, und als mein Freund, vertraue mir. Gib deinen Segen. Du wirst es tun, wenn du die Verheißung [hörst, Die ihre Liebe für uns erfüllt. Ich spreche euch von Dem Gedicht, an dem ich schreibe. Es heißt: „*Die jungen Liebenden*".

X. Die jungen Liebenden

Mittenhofer   Aus dem Garten, paradiesisch
Selber, kommt das junge Paar,
Hand in Hand, in das kalte Land.
Der Schnee fällt. Ist kein Willkommen?
Ihr Füreinandersein straft die Einsamkeiten Lügen.
Wie Eisaltäre herzlos, verweigern die Rosen wir
Den himmlischen Kindern. Aber dennoch
Wird, wer die Schranke bricht
In sich, sich wendend hinfinden und wird
Segnen ihre Seligkeit,
Und unversehens im Paradiese sein.
Sie bringen als Gabe von fern,
Zerstörbar, eine ewige Blume.

Elisabeth   *Hand in Hand* ... ist das denn so
Einfach, wie es uns scheint?
Weiß nur von einer Liebe,
Zu sehr wie im Traum.
Hand in Hand ging ich
Als seine Muse einsam.
In Verbannung muß die Muse
Gehn, und ohne Ausweg
Wählt ein Glück sie, das
Ihr Herz fürchtet; aber
Dies arme Herz, es grüßt
Seine Liebe, die es bannt.

Hilda   *Der Schnee fällt* ... Ah! Der Schnee
Weht durch gefährlichen Traum,
Und mein Herz bebt. Ich darf
Nicht länger einsam stehn.
Glücklichsein ist der Schein
Der Sonne auf dem Strom,
Der blendet aus dem Auge,
Alles was dunkel treibt.
Nein, nein! Geh fort, o Traum!

Toni   *Wie Eis* ... Unsre Liebe. Doch, oh!
Mein ganzes Herz bebt, weil er,
Indem er sie gibt frei,
Viel von ihr um sich hält.
So bleibt sie immer fremd mir.
Und doch, ich müßte selig
Sein, ergriff ich
Die Liebe, die uns bannt.

Doktor   *Die Schranke* ... zerbricht.
Mein ganzes Herz versagt

Den Segen, und dennoch fühl'
Ich heimlich, sagt es ja.

Carolina   Der vergißt zu säen, der die Zeit vergißt.
Wo nichts wurzeln kann, auch kein Blühen ist.

Uhrenschlag

XI. Die Blume

Nach einer ganz kurzen Pause legt der Doktor Tonis und Elisabeths Hände zu-
sammen. Für einen Augenblick bleiben alle unbeweglich, der Doktor hält seine
Augen niedergeschlagen.

Toni   Dank dir, Vater.

Elisabeth   Darf auch ich Ihnen danken?

Doktor   Kein Wort mehr, ich bitte.

Der Doktor geht langsam beiseite

Elisabeth   *zu Mittenhofer*
          Und was sag ich zu dir?
Gregor, du hast mich beschämt ...

Mittenhofer   Ja, schau her,
Mein Kind, das wollt ich ja auch.
Ich bin nicht dumm, du weißt, und ich dachte,
Da ich eine Bitte habe, dachte
Heimlich, Scham ermöglicht wohl,
      Daß du sie mir erfüllst.

Elisabeth   Was immer du willst.

Mittenhofer   Noch einen Tag?

Elisabeth   Einen Tag?

Mittenhofer nimmt Tonis und Elisabeths Hände in die seinen.

Mittenhofer In ein paar Tagen, ihr Lieben, da werd' ich sechzig:
Töricht scheint es wohl, doch ich wollt' bis dahin ein Opus
Vollenden ... für euch ... *Die jungen Liebenden*, damit ich
Es vortragen könnte zur Feier des Tages. Helft mir,
Helft mir doch; von den Höhen des Hammerhorns holt ein
Alvetern, als „Stütze" der Vision.
Es hat mich oft ermuntert, wenn mir nichts mehr
Zuflog. O scheltet nicht meine Kindlichkeit,
Und verweigert nicht meine Bitte.
        So bleib noch einen Tag ...

Toni	So bleib noch einen Tag.
	Ein Tag mit mir allein
	Wenn weder Heimlichkeit
	Noch Schuld die Liebe rührt.

Elisabeth   *zu sich*
Ein Tag? Wie wenig Zeit
Besticht die Ewigkeit!

Mittenhofer   Ein Tag, der mir geweiht,
Der mich von dir entzweit,
Von dir, mein Engel, der
Den Geist mir beflügelt hat mit Gedanken.

Elisabeth   Ich bleib. Solch kleine Artigkeit schuld ich
Euch beiden wohl.

Sie lacht
Vielleicht
Klingt das sehr eitel ... kann nichts dafür!
Wie sehr wurd' ich hochmütig durch euch!
Frau Hilda, würden Sie warten?

Hilda   Komm in die Stadt. Ich wart' auf dich.
Bergluft mit Lyrik aufgarniert
Bekommt mir nicht mehr gut.
Mein längst verflossner Liebster starb,
Als er sich mit dem Wahn umgab.
Gott verzeih' ihm. Mir soll's gleich sein!

Mittenhofer   Frau Hilda hat so recht ... was sie betrifft. Doch ich kann nur
[hoffen,
Daß ihre Visionen aus diesen Händen hier mir neu erstehn.
Uhrenschlag

XII. Die Vision von morgen

Elisabeth   Schon morgen von den Bergen kommt ein neues Zeichen dir.

Toni   Und morgen wollen dankbar wir vergelten unsre Liebe.

Hilda   Im Morgen wird die Welt, die ich versäumte, neu erstehn.
Uhrenschlag

Doktor   Meister, 's ist Zeit für die Arznei. Soll ich sie bringen?

Mittenhofer   Nein, nein. Diese beiden sind mir heute die Arznei. 's ist nicht
[nötig.

Toni und Elisabeth
Schon morgen überschreiten wir die Grenzen, uns zum Lohn!

Mittenhofer und Doktor
jeder für sich, beiseite
Dies Morgen ist erwartungsvoll, doch sagt es uns genug?

Hilda Ich hörte, man spielt *Die lustige Witwe* noch. Die will ich sehn!
Uhrenschlag

Carolina Soll ich die Manuskripte nicht bringen? Die Arbeit wartet.

Mittenhofer Nein, nein, 's ist zu spät schon. Ich will meinen Unsinn durch-
[denken.

Carolina, Mittenhofer und Doktor
jeder für sich, beiseite
Und morgen müssen wir begleichen, was die Kraft uns versagt?

Toni, Elisabeth und Hilda
Schon morgen wird uns deutlich, was im Morgen sich verbirgt.

Alle Das Morgen wirft schon Schatten, denn der Tag ist bald vorbei.
Uhrenschlag

*Sie gehen auseinander. Toni und Mittenhofer schütteln sich herzlich die Hände.
Elisabeth küßt Mittenhofer auf die Wange. Er schiebt sie freundlich von sich.
Sie und Toni gehen Arm in Arm auf die Terrasse hinaus. Der Doktor geht mit
gebeugtem Haupt rechts hinten mit Hilda ab, die ihm aufmunternd auf die Schultern
klopft. Carolina, von Mißfallen steif, geht rechts zur Mitte ab.*

*Zwielicht. Dienstboten kommen herein, schließen die Vorhänge, schneiden so den
Blick auf die Terrasse und den Berg ab, und zünden Lampen an. Nachdem Elisabeth
und Toni an Mauer auf der Terrasse vorbeigegangen sind, schaut dieser in die Halle
hinein und wendet sich an Mittenhofer, sobald dieser allein ist.*

Mauer Herr Mittenhofer, hab keine Zeit gehabt, Ihnen
Das Alvetern vom Hammerhorn zu holen,
Doch ich melde, das Wetter wird morgen günstig sein ...

Mittenhofer ihn kurz, doch höflich entlassend
Schon gut, ich gebrauch's nicht mehr.
Danke für die Aufmerksamkeit.

Mauer Gute Nacht.

Mittenhofer Gute Nacht.

XIII. Das Ende des Tages

Mittenhofer steht für eine Weile mit dem Rücken zum Publikum. Dann heben sich seine Schultern, seine Fäuste ballen sich. Er wendet sich um, seine Gesichtszüge sind von Zorn entstellt. Er stampft mit den Füßen und macht ein Geräusch wie ein wütender Bock.

Mittenhofer BAH! dieses Pack! welch ein schäbiger Bund!
Das Herz sinkt. Da!

Eine Hand erhoben haltend, zählt er an den Fingern diejenigen ab, die er erwähnt.

                    Eine närrische Hex',
Die sich weigert, weiter irre zu sein; eine aristokratische Gans,
Die wäre gern Amme ihrem Herrn im Wonneglanz;
Ein Doktor, der braucht ein dichtendes Meerschweinchen
Zu seinem Ruhme, und will sein halbwaises Balg
Dadurch bereichern, den kleinen geilen Fex,
Der sich vorstellt, er wär ein Rebell, wenn er gegen den Vater
Einmal aufmuckst; *Und* ein halbwaises Ding,
Das macht sich gleich mit dem ersten besten Kerl auf und davon!
Ach warum gehn sie nicht alle zum Teufel!
Ich wollt' sie wär'n *tot!*

Er nimmt ein Tintenglas und sucht nach einer günstigen Stelle, wohin er es schleudern könnte. Plötzlich steht er Angesicht zu Angesicht Hilda gegenüber, die wenige Augenblicke vorher zurückgekommen war, um ihren vergessenen Sonnenschirm zu suchen. Er starrt sie an, seine Geste ist in der Luft stehen geblieben.

Hilda   *ihm schalkhaft mit dem Sonnenschirm drohend*
               Nicht so stürmisch, Schatz!

Mit einem Wutschrei setzt Mittenhofer das Tintenglas hin und stolziert in sein Arbeitszimmer ab. Hilda sinkt unter unkontrollierbarem Gelächter in einen Stuhl.

Vorhang fällt rasch

DRITTER AKT

Mann und Frau

I. Echos

Die gleiche Szene am nächsten Morgen. Hilda steht an der gleichen Stelle wie am Ende des zweiten Aktes. Sie trägt ein schlichtes Reisekleid und ist von Gepäck umgeben. Toni und Elisabeth, in Bergsteigertracht, sind auf der Terrasse, im Begriff, nach links aufzusteigen. Hilda winkt ihnen zu; sie winken zurück und gehen Hand in Hand, ein Volkslied in Wandervogelart singend, die Treppe hinauf ab. Das Lied verklingt langsam während der folgenden Szene.

Toni und Elisabeth
> Da oben auf dem Berge
> Ein hohes Schloß erscheint,
> Da wohnen drei Jungfrauen,
> Die schönsten weit und breit.
>
> Die Älteste heißt Susanna,
> Die zweite Annemarie,
> Die Jüngst' hat keinen Namen,
> Denn mein Herzlieb ist sie.
>
> Ein Strom fließt dort zu Tale,
> Ein Mühlrad dreht sich sacht,
> Es mahlt das Mehl der Liebe,
> Für sie bei Tag und Nacht.
>
> Nun ist das Rad gebrochen,
> Die Lieb ein Ende fand,
> Und die zusammen waren,
> Gehn einsam durch das Land.
>
> Gib deine Hand. Wer dachte
> An solchen Trennungsschmerz,
> Daß Sommer wird zu Winter
> Und schwer das leichte Herz?

Hilda schüttelt traurig den Kopf, nachdem sie ihnen nachgewinkt hat und kommt dann wieder nach vorn.

Hilda
> Lebt wohl. Dies ist der Tag. Jetzt heißt's „Lebwohl",
> Für fast mein ganzes Leben:
> Eines Narren Hölle war's,
> Der romantisch sich selbst gefiel.

Doktor Reischmann ist schon von rechts aufgetreten, in einen schwarzen Anzug gekleidet.

Doktor
zu Hilda mechanisch
> Morgen.

Hilda *mechanisch, wie der Doktor*

Morgen.

Er geht, nachdem er einen kleinen Arztkoffer abgesetzt hat, wie geistesabwesend auf die Terrasse hinaus.

Doktor Gottlob, jetzt sind sie fort.
Hilda hat recht – –
Am besten man geht.

Man hört, wie Mittenhofer in seinem Zimmer die Skizzen zu seinem Gedicht durchgeht.

Mittenhofer Sie bat mich: Laß, Lieber.
Fieber. Vorüber.
Nein. Nein. Nein.
Sie sagt, es sei ...
Einerlei ... besser frei ... Angstgeschrei ...
Ei. Ei.

schreit und klingelt

Wo bleibt das Ei?

Auf das Klingeln tritt Carolina zerstreut von rechts Mitte auf. Sie nimmt einem Mädchen, das eilig rechts vorne auftrat, ein Tablett ab.

Carolina Oh Gott, oh Gott ...

Sie bringt es in Mittenhofers Zimmer, dabei die Tür offen lassend.

Mittenhofer Oh Lina,
Danke. Schon gut so. Danke.
Hier, schreib Sie dies ab für mich.

Carolina *beim Verlassen seines Zimmers*
Schon recht.

Mittenhofer *dem Doktor, der gerade von der Terrasse zurück ist, zurufend*
Heut keine Nadeln. Haut ist geritzt.

Doktor Schon recht.

Carolina schließt seine Tür, dann wendet sie sich zu Reischmann, wobei sie die Blätter Papier, die sie in der Hand hat, hochhält.

Carolina *zerstreut*
Noch viel zu tun. So wenig Zeilen erst.
Bin gleich wieder bei euch.

geht ab

Hilda *nahezu ganz die Gegenwart der andern vergessend*
Morgen ...
Und doch: Er war der Eine,
Den ich jemals geliebt.

Ein Mann, der Großes versprach:
Aber Gott weiß, es war
Die falsche Treue, die ich ihm erwies,
Als ich ihn erhob zum Gott.

Doktor   *als ob er zur weiten Natur spräche*
Antonia! Antonia!
Was hättest du gemacht?
In jenem Frühling nach deinem Tod,
Da lebte ich ganz sorglos
Für mich, inhaltslos.
Ich fühlte, daß meine Liebe ohne Tiefe war.
Was hab ich Toni angetan? Bin ich schlecht?

Mittenhofer *wie vorher*
Dann baten sie um Rosen. *Mit* Rosen.
Durch Rosen. Chosen,
Matrosen, Prognosen, in bescheidenen Dosen ...
Gott! Was ist los?
Gar nichts, mein armer Liebling, Psychosen.

Von Carolinas Zimmer hört man die Schreibmaschine, einmal schnell,
einmal langsam, während Carolina laut vom Manuskript liest und
die Handschrift zu entziffern versucht.

Carolina   Aus dem Garten ... die jungen Liebenden ...
Wald? Nein.
Gewalt? Nein.
Kalt. So kalt.
Der Schnee fällt. Es gibt ... kein
Willkommen. Ja.
Gut. Das war's.

Carolina tritt wieder ein und geht mit einem Schlüsselbund zu Dr.
Reischmann hinaus.

Hier sind die Schlüssel zur Stadtwohnung.

Doktor   *gibt ihr das Köfferchen*
Hier die Arznei für ihn.
Sag denen, ich bin fort.

Carolina   Gewiß.

Doktor   Danke.

Carolina   Ich bitte.

Hilda   *wie vorher*
Was kann ich wirklich tun?
Wem gebiet' ich noch Halt?
Bin zu jung für heut,
Heut bin ich zu alt.

Mittenhofer Elegie. Sie. Schrie. Wie. Nie. Mimi.
Die Jugend.
Tugend. Die Untugend.
Nein. Nein. Nein.
Kerkerzell. Nicht so schnell.
Höll. Höll. Höll.
Kleine Schell.
Farewell. Farewell.

II. Abschiednehmen

Hilda   Gräfin ...

Carolina Was, ich bitt' Sie, haben wir uns noch zu sagen?

Hilda Adieu ...

Carolina   Adieu denn.

Hilda   Und verzeihen Sie ...

Carolina Also, Frau Mack, nun lassen Sie es gut sein.

Hilda Ach, Lina, um so zu scheiden, sind wir zu alt.
Gestern war ich sehr töricht. Zahlen Sie
Mit Gleichem es mir heute nicht zurück.
Betrachten wir uns mit Lachen oder mit Tränen:
Zwei kinderlose Träumer in schlafloser Nacht,
In sich verloren. Die bleiben ganz allein.

Sie nimmt den Strickbeutel auf und holt daraus Teile des vermutlich riesigen Schals heraus, an dem sie jahrelang gearbeitet hat. Mittenhofer tritt unbemerkt auf.

Lachen Sie nur über dies Wickelkind, das ich gemacht
Die vierzig Jahr, und lachend gestehen Sie, Ihr eig'nes
Wickelkind ist selbst ein wenig lächerlich.
Dann sagen wir: Das Lachen macht uns weinen.
Und wenn's auch spät ist, laßt uns auseinandergehn,
In Freundschaft, die die Zeit betrügt.

Mittenhofer tritt vor
Komm, Lina, lach Sie. Ja, und verlach Sie auch mich.
Das tut ihr gut.

Hilda   *beiseite zu Mittenhofer, flehend*
                 Bitte, sein Sie rücksichtsvoll.

Doktor   Ja, Lina, lächeln Sie.

Mittenhofer zu Hilda, mit hochgezogenen Augenbrauen
                                    Was? Rücksichtsvoll?
         Hilda zuckt die Achseln und wendet sich von ihm ab.

Carolina   *zu Hilda*
           Mir scheint, ich kann nicht mehr lachen. Doch hier, meine Hand.

Hilda   *nimmt Carolinas Hand, mit Wärme*
        Gewiß, Lina. Danke. Versteh' Sie gut.

Mittenhofer Dank dir, Wilhelm, daß du schon in die Stadt vorausfährst,
           Um das Haus zu richten. Ich hoff', es macht nicht zuviel Müh'.

Doktor   Gar nicht.
         *Man hört das Pfeifsigna vom Bahnhof her. Der Doktor schaut auf
         seine Uhr.*
         Es ist Zeit.

III. Planmäßige Abreisen

Hilda   *während sie das Gasthaus und die Landschaft mit einer Geste umarmt*
        Leb' wohl. Adieu.

Carolina und Mittenhofer
                                    Adieu.

Doktor
                                            Auf Wiedersehen.

*Angestellte kommen und bringen das Gepäck hinaus, darunter auch einen kleinen
Koffer, der dem Doktor gehört, mit Ausnahme des Handarbeitsbeutels, der, wie
Hilda mit einer Geste anordnet, hierbleiben soll. An der Tür zur Terrasse bleiben
sie und der Doktor stehen. Carolina und Mittenhofer bleiben auf der Vorderbühne,
mit dem Gesicht zum Zuschauer.*

Alle   Das junge Paar, die alten Zwei
         Sie gehn, und mehr und mehr sind wir bestürzt
              Von dem Gedanken, daß wir
              Doch nimmermehr wissen,
              Ob nicht ein jedes „Leb' wohl"
              Für uns nicht heißt „Fahr hin".
         *Hilda und der Doktor gehen ab. Mittenhofer sitzt an seinem Arbeits-
         tisch; Carolina stellt sich hinter ihn.*

Mittenhofer Und jetzt sind es nur noch zwei.

IV. Nur noch zwei

Mittenhofer   Ich muß arbeiten. Muß versuchen,
          Daß ich meine Elegie
          Noch rechtzeitig schreib'.

Carolina   Eine Elegie?

Mittenhofer *mit erschöpfter Ungeduld*
          Das Gedicht. Das Gedicht.
          Was sonst wohl könnte mich
              Beschäftigen? Ich nehme an,
              Daß Sie das weiß.

Carolina   Ich nehme an,
          Sie sind beschäftigt mit ihr.
          Und doch, Sie ließen sie frei,
          Sie haben's gewollt, Sie unterstützten
          Dieses Bündnis. Warum?

Mittenhofer   Ich unterstützte.

          Man hört den Pfiff des abfahrenden Zuges

          Da es schon geschehen, gab's keine Wahl.
          Das wär' immer geblieben,
          Diese dumpfe, gefühlige Verwirrung hier
              In der Luft,
                  Die hing ihr an,
          Und das war schrecklich, das hielt ich nicht aus.
          Sie mußte fort, doch entscheiden mußte
              Sie's selbst. Ganz klar war's mir.

Carolina   Nichts für ungut. Ich find's besser so.
          Ich sagte schon und sag es noch einmal:
              Am besten bleiben Sie allein.

Mittenhofer *mit bitterer Genugtuung*
              Allein. Ja, da oben sind sie allein.
          Und gut mag's ihnen gehen, den
          Jungen Liebenden: Werden sie entdecken, was Liebe heißt
                  Und sein kann?
                  Wir werden sehn,
              Wie lang sie in Verzückung noch bestehn.
                  Für ein Jahr? Ich glaube nicht so lang.
          Und dann, was wird sie tun?

Carolina   Nichts für ungut. Das ist doch gleichgültig.
          Was wichtig ist - - ich sag es noch einmal:
              Am besten bleiben Sie allein.

Mittenhofer mit kindlichem Selbstmitleid in der Maske eines ältlichen Stoizismus
Vielleicht ist's wahr. Sie hat schon immer
Recht gehabt. Doch müßt' vielleicht
Ich unabhängig sein von aller Welt;
Ja, und selbst
Auch das, was
Freiwillig gegeben wird, man müßt' es
Ausschlagen, um gut zu tun an euch.
Sie und Wilhelm ihr seid – –

Carolina *ihm ins Wort fallend*
Das ist wohl das gleiche nicht.
Wir sind die einz'gen, die sich nie aufgedrängt,
Bewahrten Ihre Einsamkeit.
Wir meinen's gut, und ich sag' es noch einmal:
Am besten bleiben Sie allein.

Mittenhofer Allein. Ob es mir recht ist oder nicht, Lina.
Mauer kommt eilig von draußen herein.

Mauer Grüß Gott. Auf ein Wort nur. Ein schwerer Schneesturm
Kommt auf in den Bergen, in kurzer Zeit ist alles zugeschneit.
Ist irgendwer von hier draußen in den Bergen?
Denn wenn ein guter Führer jetzt aufbräch', könnt er,
Mit Gottes Hilfe, ihn noch in Sicherheit bringen. Ist jemand
[draußen?
Mittenhofer *erhebt sich langsam*
Nun ... nicht daß ich wüßte.

Mauer   Dann ist es gut.

*Bei Mittenhofers Worten erstarrt Carolina, ihr schaudert, und bei
einer plötzlichen Bewegung zu Mauer hin stößt sie einen schweren
Gegenstand vom Schreibtisch.*

Gräfin?

Carolina *ohne einen der beiden anzusehen*
Es ist nichts. Nerven. Fieber. Wie grau
Die Luft sich wandelt.

Mauer   Ich lauf zu den andern Gasthäusern
Und warne dort.

*Im Begriff hinauszueilen, hält er an der Terrassentür und sagt unter
Achselzucken*

Das Wetter macht schon tolle Geschichten,
Macht, was es will. Kein Verlaß! Ich irre mich doch sonst nie.
geht ab

V. Tolle Geschichten

Carolina steht, wie sie stand, von Zeit zu Zeit von einem Schauer geschüttelt;
Mittenhofer geht auf sie zu.

Mittenhofer *mit betontem Mitgefühl*
       Lina, Sie sieht schlecht aus. Sie hätte
       Sich noch schonen müssen, statt sich um alles
       Zu bekümmern. Ein andrer Ort ...

Carolina *eindringlich*
       Nein, Meister, ich brauch' keine Ruh'. Ich ruhte
       Niemals all die Jahr', und ich will nicht fort von hier.
       Und wohin sollt' ich auch gehn? Kein Ort und kein Mensch
       Warten noch auf mich. Ich bleib', wo ich jetzt bin.

Während des Folgenden verdunkelt sich der Himmel zusehends, und
es fängt an zu schneien.

Mittenhofer Ach, liebste Lina, es war nicht bös gemeint.

Carolina *zuerst anklagend-argwöhnisch, dann selbstsicher*
       War's nicht, Meister, nicht böse? Nein, gewiß,
       Ich glaub' es. Nicht böse! Denn wenn ich ging,
       Wie kämen Sie zurecht? Hätten Sie die Kraft,
       Um den Alltag zu bewältigen und noch dazu Ihr Werk?
       Sie sind verträumt, mein Kind,
       Und was den andren Ort betrifft,
       Sehn Sie, da draußen – – der Schnee senkt sich schon herab,
       Und über Nacht wird alles anders, Meister, alles ...

Sie eilt zum Ofen hinüber, kniet nieder und beginnt Feuer zu machen.
       Ich schür' die Glut und hüt' sie,
       Die Kälte, ich halte sie fern.
       Mein süßer Freund, du kannst dein gebrochenes Herz
       Nicht leugnen, doch es schlägt noch
          Nah deiner Braut.
       Weise Tränen weine,
       Und dein Blick wird wieder klar.

Sie nimmt einen Teil des Schals aus Hildas Handarbeitsbeutel und
hält ihn an ihre Wange.
       Kind, ich wag' nicht zu sagen,
       Wie dein Vater heißt, wenngleich
       Wie fallender Schnee er
       Die Erde deckt, zu erlöschen
          Den ewigen Feind,
       Und deine blühende Liebe
       Als Wundertat erscheint.

Langsam sich erhebend

Wartet noch. Ich vergaß etwas. Was
Mag es sein, ich frag' mich. Gar nichts. Alles gut.
Dies ist das Paradies, darin wir ewig
Wandelten. Wie wohl das tut. Und ich bin bei dir noch;
Und eine Rose blüht noch, die gieß' ich all Tag.
Und ... doch ... Ich vergaß ... Was geschah denn mit mir?

Mittenhofer *zu sich, dabei mit Bestimmtheit Carolina starr anblickend*
Jedes Ding will bezahlt sein,
Am Ende dann
Sei's heut, sei's im Dienste
An der Ewigkeit:
Ich frag nicht nach dem Preis:
Die Welt, sie zahlt in mir.

Carolina preßt eine Hand an die Stirn. Dann bricht sie plötzlich in hysterisches Gelächter aus. Daraufhin schüttelt sie den Kopf und lächelt.

Carolina Was macht mich unruhig? Die Ruhe. Die Uhr blieb stehn.
Tot. Merkwürdig. Mir unfaßlich.

Sie nimmt den Uhrenschlüssel aus ihrer Tasche und geht zu der Uhr hinüber. Sie und Mittenhofer sehen einander beharrlich in die Augen. Ihre Stimme ist ausdruckslos.

Der Tag zerrinnt,
Dahin die Zeit.
Kein Glockenschlag
Zerteilt den Tag
Für Ewigkeit
In Einzelheit.
Und nichts mehr wehrt
Dem freien Lauf
Des Lasters blind.
Der Uhrschlag klingt
Vom Gestern her,
Nach Morgen dringt
Das Heute schwer.
Es setzt sich nun
An anderm Ort
Das Schicksal fort.

Sie zieht die Uhr auf und stellt die Zeiger. Bei jeder Viertelstunde ertönt der Uhrenschlag. Die Lichter erlöschen; die Luft scheint von Schnee erfüllt. Das Bühnenbild teilt sich in zwei Hälften und verschwindet in den Kulissen. Carolina und Mittenhofer sind zusammen auf der rechten Bühnenhälfte.

VI. An anderem Ort

Toni erscheint, dicht hinter ihm Elisabeth. Ihre Umrisse sind nur unscharf sichtbar im Schneetreiben. Sie sind vollkommen erschöpft.

Elisabeth   Ich kann nicht weiter.

Toni   Komm, hier ist ein
Geschützter Platz, da sind wir geborgen
Gegen den Sturm. Wir warten hier.

mit erzwungener Lustigkeit
Und Gregor wird schelten, wenn wir heimkommen
Ohne sein magisches Alvetern!

Elisabeth   *ruhig*
Brauchst nicht zu lügen. Ich weiß.

Toni   Ich auch.
In welch sonderbares Märchen
Sind wir geraten, wo in der Brautnacht
Die Mutter Gottes uns einen Sturm schickt.

Elisabeth   Nun, da alle Wege uns verstellt sind,
Ohne Hoffnung, ein unschuldiges Spiel,
Noch können wir träumen von einer Welt, die nicht kommt.

Toni   Komm näher: Nimm meine Hand.
Stell'n wir uns vor, daß wir zurückschaun weit
Über die Jahre. Du fängst an.

VII. Mann und Frau

Elisabeth   Wer sind wir?

Toni   Ein altes Paar
Mit weißem Haar.

Elisabeth   Wo sind wir? Was tun wir?

Toni   Wir sitzen am Feuer Hand in Hand.
Jetzt frag' ich. Sind wir schon lange
Verheiratet?

Elisabeth   Gewiß. Seit vierzig
Jahren, mit Leib und Seel'.

Toni   Und hatten Kinder?

                                          Natürlich doch.
Elisabeth   Bruno ist der Älteste von drei Knaben ...

Toni	Dann kam Olga, das einzige Mädchen. Dann Detlef ...
Elisabeth	Dann Willi, der starb, als er noch klein war. Ich werde niemals vergessen, wie gut und zärtlich Du damals zu mir warst. Das hielt mich, Später, als ich dich beinah verließ.
Toni	Mich verließest? Warum? Was hatte ich getan?
Elisabeth	Denkst du nicht mehr an das andre Mädchen?
Toni	Also wußtest du alles und schwiegst doch! Ich tat doch alles, es zu verbergen.
Elisabeth	Und du vermißt sie noch?
Toni	Zuweilen, ja, Wie einen Traum, der sich verliert im Morgenlicht. Es währte so lang und hat uns sehr belastet. Doch wechseln wir das Thema. Die Kinder wuchsen heran.
Elisabeth	Bruno ist heute Bankdirektor ...; Olga nahm einen Ingenieur Und lebt in Lima ...
Toni	Und unser Detlef?
Elisabeth	War es unsre Schuld? Ließen wir's an etwas fehlen? Der Kleine hat Kummer, ist immer in Not: Er wird niemals imstande sein, sich selbst zu helfen ...
Toni	Es wird Nacht: Wir sind am Ende. Doch vor dem Schlaf bleibt eine letzte Frage Zwischen uns als Mann und Frau.
Elisabeth	Toni?
Toni	Ja, Liebste.
Elisabeth	Sag mir die Wahrheit: Ist die Hand, die du hältst, Elisabeths Hand?
Toni	*zärtlich* Nein, Liebste, doch der Name reicht aus.
Toni	Elisabeth?
Elisabeth	Ja, Liebster.
Toni	Sag mir die Wahrheit: Ist die Hand, die du hältst, Tonis Hand?
Elisabeth	*zärtlich* Nein, Liebster, doch der Name reicht aus.

Beide   Jetzt begreifen wir. Nun sind wir frei,
                 Vereint zu sterben, freundlich zu sagen
                 „Lebe wohl" einer wirklichen Welt.

VIII. Toni und Elisabeth

Beide   Nicht zum Lieben wurden wir hergeführt,
                 Um zu verlernen unsre Lügen,
                 Durch mich, in letzter Stund',
                 Um zu sterben mit reinem Herz.

                 Was Gnad' uns gab, wir nahmen's gern,
                 Dankbar und froh, auch wenn dies Band
                 Zerbricht in kurzer Zeit,
                 Und unsre Seelen gehn hin allein.

                 Gott der Wahrheit, vergib die Sünden,
                 Alles Böse, womit wir töricht
                 Dich gekränkt. Gib uns den Frieden.
                 Erleuchte mit deiner Liebe unsres Lebens End.

                 Völliges Dunkel erfüllt die Szene. Glocken.

IX. Elegie für junge Liebende

Hinter dem Schleiervorhang, rechts, erhellt ein Scheinwerfer einen Toilettentisch mit Spiegel, Bürste und Kamm usw. Mittenhofer im Frack mit weißer Weste, legt die letzte Hand an seine Garderobe. Auf dem Tisch liegt ein Manuskriptbuch. Während des Folgenden bringen zwei Männer ein Lesepult und stellen es in der Mitte der Bühne, nächst der Rampe auf.

Mittenhofer sich im Spiegel betrachtend
                 Eins. Zwei. Drei. Vier.
                 Wen bewundern wir?
                 Gregor! Gregor! Gregor!

                 Fünf. Sechs. Sieben. Acht.
                 Wer hat so viel vollbracht?
                 Gregor! Gregor! Gregor!

                 Besten Glückwunsch, mein Gregor!
                 Während des zweiten Verses tritt Carolina geräuschlos hinter ihn.

Carolina   Gregor, es ist Zeit.

Mittenhofer   Die Zeit, wie Gregor, bleibt nie stehn,
                 Und Lina wartet, wünscht sich, beide könnten gehn.
                 Er nimmt das Manuskriptbuch und faßt Carolina unter das Kinn.

                 Ist's nicht so?

Uhrenschlag. Carolina bleibt starr stehen. Das Licht auf dem Ankleidezimmer verlöscht, und die Bühnenlichter werden hell. Es ist die Bühne eines Theaters in Wien. Der Schleier, jetzt nicht mehr transparent, ist nun ein ornamentaler Prospekt für Mittenhofers Lesung. Der Parnaß, die Musen krönen einen Dichter, Apollo mit Leier und Cherubim. Mittenhofer schreitet zum Lesepult, legt sein Manuskriptbuch darauf, verbeugt sich nach links, rechts und zur Mitte. Dann erhebt er die Hand, als ob er um Ruhe bitten wollte.

Mittenhofer   Euere Durchlaucht, Euere Exzellenz, Herr Kultusminister, meine Damen und Herren. Ich eröffne meine Lesung mit dem letzten Gedicht, das ich geschrieben habe, „*Elegie für junge Liebende*". Es ist dem Gedächtnis von Toni Reischmann und Elisabeth Zimmer gewidmet, einem schönen und tapferen jungen Liebespaar, das, wie einige von Ihnen wissen, kürzlich auf dem Hammerhorn den Bergtod fand.

         „Auf daß der Tod sie nicht scheide."

Er öffnet das Manuskriptbuch und beginnt zu lesen, feierlich und fast ohne Gesten. Wir hören keine wirklichen Worte, doch aus dem Hintergrund ertönen, eine nach der anderen, die Stimmen all derer, die zum Entstehen des Gedichts beitrugen: Hilda mit ihren Visionen, Carolina mit ihrem Vermögen und ihrer Fürsorge, Doktor Reischmann mit seinen Arzneien, Toni und Elisabeth mit ihrer illusorischen aber dichterisch verwendbaren Liebe. Die Lichter verlöschen, bis nur noch ein Scheinwerfer auf Mittenhofer verbleibt. Sein Gedicht ist beendet. Die Oper ist aus.

       Vorhang fällt langsam

GEBURT EINES LIBRETTOS

Bevor der Textdichter daran denken kann, was er schreiben soll, muß er sich erst ein Bild von Umfang und Stil des Werkes machen, das dem Komponisten musikalisch vorschwebt. So erfuhren wir von Henze, noch bevor wir irgend etwas anderes wußten, daß er eine chorlose „Kammeroper" für kleine Besetzung und für ein kleines differenziertes Orchester schreiben wollte; er wünschte sich außerdem einen Vorwurf und eine Atmosphäre, die zarte schöne Klänge erforderte. Diese Vorstellungen brachten uns auf die Idee von fünf oder sechs Menschen, die alle von einem anderen Wahn besessen sind und, obwohl sie in ein und derselben Welt leben, diese Welt und das Tun ihrer Mitmenschen auf die verschiedenste Weise deuten. Die erste Wahnvorstellung, auf die wir stießen, war die der Vergangenheit, personifiziert in einer Figur ähnlich der Mrs. Havisham in Dickens' „Große Erwartungen". Diese Idee überlebte alle unsere Proben und Irrwege, um dann Hilda Mack zu werden, die alte Dame, die Visionen hat. Dann, auf der Suche nach einer jungen Heroine, spielten wir mit der Idee einer Zofe, die sich als große Dame ausgibt. Diese Situation sollte dadurch Interesse bekommen, daß wir zeigen wollten, daß sie, obwohl im gesellschaftlichen Sinne eine Betrügerin, charakterlich durch ihr Verständnis und die Selbstverständlichkeit ihres Benehmens wirklich die große Dame war, die sie spielte. Natürlich sollte sich ein junger Mann aus guter Familie in sie verlieben, und sie in ihn. In ihrer Liebe zu ihm, jedoch wissend, daß er sich über ihren gesellschaftlichen Status einer Illusion hingab, sollte sie nach einer kurzen Zeitspanne gemeinsamen Glückes verschwinden, und um dies wirklich tragisch zu machen, dachten wir daran, ihr eine unheilbare Krankheit zu geben. Sie sollte das selbst nicht wissen, aber dem Zuhörer sollte es bekannt sein. Dazu wurde ein Arzt als handelnde Person notwendig, und warum sollte dann der junge Mann nicht der Sohn des Arztes sein? Die Zofe wurde später verworfen, aber der Arzt und sein romantisierender Sohn blieben. Sie gab aber den Anstoß für die Wahl des Ortes, der Handlung des Buches. Auf der Suche nach einem Ort, wo sich eine Zofe erfolgreich als große Dame ausgeben konnte, ohne Furcht vor Entdeckung, schien uns eine Gebirgssommerfrische in der Vorsaison als am ehesten glaubwürdig, ganz abgesehen von dem romantischen Hintergrund, den sie für eine Liebesromanze abgab.

In der Überzeugung, daß die althergebrachte Dreieckssituation immer interessant gemacht werden kann, beschlossen wir, daß der naive und romantische junge Mann einen reifen, weltgewandten und zynischen Rivalen haben sollte. Im Übereinklang mit unserem Generalthema sollte auch er an einer Wahnvorstellung leiden. Wie wäre es mit einem großen

Schauspieler, dessen Berufstalent mit dem dilettantischen Talent der Heroine konfrontiert werden könnte und der als höchstes Ziel im Leben die Titelpartie von Byrons Manfred anstrebte – daher sein Aufenthalt in dem Alpengasthaus, der ihm die authentische Atmosphäre vermitteln soll.

Das erwies sich als Sackgasse und bald sahen wir uns völlig festgefahren. Was wir auch unseren Schauspieler tun ließen, uns fiel nichts ein, was wir ihn *singen* lassen konnten.

Dazu kam, daß wir zwar ein paar tentative Beziehungen zwischen Paaren (Vater/Sohn, Junger Mann/Mädchen, Mädchen/Schauspieler) hatten, jedoch keinerlei Schema von Beziehungen, keinen Konflikt. Wie sollte man z. B. den Arzt zum Schauspieler oder die verrückte alte Dame zu irgendeinem von den anderen in Beziehung bringen? Und ohne Schema gibt es keine Ensembles.

Der Durchbruch kam, als wir uns darüber klar wurden, daß der ältere Gegenspieler, wer immer er auch sein mochte, der Hauptdarsteller des Buches sein muß, die Figur, zu der alle anderen Personen bereits in Beziehung standen noch bevor der Vorhang aufging. Jetzt waren wir in der Lage, uns zwei entscheidende Fragen zu stellen: „Was für Eigenschaften muß eine Person besitzen, um in einer Oper sowohl dramaturgisch als auch gesanglich zu dominieren?" und „Wie muß ein Mann reiferen Alters aussehen, der in engen Beziehungen gleichzeitig zu einer verrückten alten Dame, einem jungen Mädchen und einem Arzt steht?"

Ein großartiger Aphorismus von Hofmannsthal lautet: „Singen kommt dem Wunderbaren nahe: denn es ist die Herrschaft über etwas, was sonst lediglich ein Instrument des Egoismus wäre – nämlich die menschliche Stimme." Das soll natürlich nicht bedeuten, daß Sänger bescheiden sind oder daß die ideale Opernfigur ein Heiliger ist. Es heißt vielmehr, daß ein Darsteller, wenn wir ihn in der Oper hören, nicht nur als Individuum in einer bestimmten Situation zu einer gewissen Zeit an einem gewissen Ort in eigener Sache singt, sondern stellvertretend für die ganze Menschheit schlechthin, die Toten, die Lebenden und die Ungeborenen. Deshalb sind fast alle geglückten Operngestalten, mögen sie auch noch so individualisiert sein, eine lokal gefärbte Verkörperung irgendeines Mythos; sowohl ihre Persönlichkeiten als auch ihre Situationen sind der Ausdruck eines Aspektes des menschlichen Daseins, eine bedeutsame, für alle Zeiten gültige Gegebenheit. Das heißt weiter, daß Gesang, wie Ballett, eine virtuose Kunst ist, ein Talent, das wenigen gegeben ist. So wird auch eine Opernfigur, ganz gleich was für Katastrophen über sie hereinbrechen, solange sie fortfährt zu singen, immer triumphieren, niemals aber unterliegen. Alle ihre Taten, auch ihr Sterben, scheinen Ausdruck ihres Wollens zu sein: ein Sklave, ein passiver Dulder, kann nicht singen.

Sobald wir uns die obengenannten Fragen vorgelegt hatten, wußten wir auch bald die Lösung: Das Künstlergenie des 19. und des frühen 20. Jahrhunderts.

Wir haben hier einen echten Mythos; denn das Nichtvorhandensein einer Identität von Gut und Schön, vom Charakter des Menschen und dem seiner Schöpfungen, ist ein permanenter Aspekt der menschlichen Situation. Das Thema der „Elegie für junge Liebende" läßt sich in zwei Zeilen von Yeats zusammenfassen:

> *Der Geist des Menschen muß sich entscheiden*
> *für die Vollkommenheit des Lebens oder des Werkes.*

In der Terminologie der Ästhetik ist also die persönliche Existenz des Künstlers unwesentlich, was zählt ist sein Schaffen. Das künstlerische Genie, so wie das 19. Jahrhundert es sah, machte aus dieser ästhetischen Voraussetzung ein ethisches Prinzip, mit anderen Worten, es erhob den Anspruch, Repräsentant der höchsten, der authentischen Erscheinungsform des menschlichen Lebens zu sein.

Wird dieser Anspruch akzeptiert, so ergibt sich daraus, daß das künstlerische Genie die moralische Verpflichtung fühlt, es als geheiligte Pflicht anzusehen, seine Umwelt auszubeuten, wenn eine solche Ausbeutung sein Werk fördert, und sie zu opfern, wenn ihr Vorhandensein seinem Schaffen im Wege steht.

Nachdem unser Künstler einmal Gestalt angenommen hatte, fand sich auch ein Weg zur Konstruktion eines Konfliktes: Wir brauchten nur an die verschiedenen Anlässe zu denken, weshalb er auf andere angewiesen sein würde – um ihn zu inspirieren, um ihn bei der Kreatur Trost finden zu lassen, um ihn bei guter Gesundheit zu erhalten usf. – um ein Schema der Beziehungen zu haben. Unser Ehrgeiz bei der Arbeit am Libretto ging dahin, zu erfahren, wieviel psychologisches Drama und Profilierung der Charaktere mit den Konventionen des musikdramatischen Mediums noch zu vereinbaren sind, und die großen Vorfahren, deren Segen wir ständig auf uns herabflehten, waren Ibsen und Hofmannsthal.

Die dramatische Darstellung eines künstlerischen Genies wirft eine Reihe von Problemen auf. Es ist z. B. unmöglich, einen großen Dichter in einem gesprochenen Versdrama darzustellen, da, selbst wenn der Verfasser ein großer Dichter ist, die einzige Dichtung, die er zu schreiben vermag, seine eigene ist. Es ist also für den Zuhörer unmöglich, zu unterscheiden zwischen den Verszeilen, die er seinen Helden als Person des Stückes sprechen und denen, die er ihn als Proben seiner dichterischen Aussage vortragen läßt. Aus dem gleichen Grunde verbietet sich auch die Darstellung eines großen Komponisten in der Oper. Unser Held, Gregor Mittenhofer, ist ein großer Dichter. Während des ganzen Ablaufs der Oper arbeitet er an einem Gedicht; um es zu vollenden, ermordet er moralisch zwei Menschen und bricht das Herz eines dritten. Wenn dann der Zuhörer am Schluß nicht davon überzeugt ist, daß ein wirklich gutes Gedicht zustande gekommen ist, ist das ganze dramatische und ethische Ziel der Oper verfehlt. Wir sind der Meinung, daß diese Überzeugung durch die Darstellung des Gedichtes in einem anderen künstlerischen Medium herbeigeführt werden kann – als Person singt Mittenhofer Worte; als Dichter bleibt er stumm, und sein Gedicht findet seine Darstellung im Spiel des Orchesters und in abstrakter Vokalisierung.

Das künstlerische Genie ist nicht nur ein Mythos des 19. und frühen 20. Jahrhunderts, sondern auch ein europäischer Mythos, und die beiden Mittelpunkte der europäischen Kultur dieser Epoche waren Paris und Wien. Deshalb glaubten wir, daß unser Held zu einer dieser beiden Städte in Beziehung stehen sollte, und aus persönlicher Neigung gaben wir Wien den Vorzug. Wir brauchen wohl nicht zu erwähnen, daß wir sein schändliches Verhalten nicht für einen österreichischen Charakterzug halten. Tatsächlich wurden die einzigen Dinge, zu denen uns historische Begebenheiten anregten, dem Leben eines Dichters – er möge ungenannt bleiben – entnommen, der englisch schrieb.

W. H. Auden

Chester Kallman